IRANY FERRARI
MELCHÍADES RODRIGUES MARTINS

# CONSOLIDAÇÃO DAS LEIS DO TRABALHO

## DOUTRINA
## JURISPRUDÊNCIA PREDOMINANTE E PROCEDIMENTOS ADMINISTRATIVOS

③

IRANY FERRARI
MELCHÍADES RODRIGUES MARTINS

# CONSOLIDAÇÃO DAS LEIS DO TRABALHO

## DOUTRINA

## JURISPRUDÊNCIA PREDOMINANTE E PROCEDIMENTOS ADMINISTRATIVOS

③

SEGURANÇA E MEDICINA DO TRABALHO

ARTIGOS 154 A 201

EDITORA
LTr®
SÃO PAULO

Dados Internacionais de Catalogação na Publicação (CIP)
(Câmara Brasileira do Livro, SP, Brasil)

Ferrari, Irany
　　Consolidação das Leis do Trabalho, 3 : doutrina, jurisprudência predominante e procedimentos administrativos : segurança e medicina do trabalho, artigos 154 a 201 / Irany Ferrari, Melchíades Rodrigues Martins, — São Paulo : LTr, 2007.

ISBN 978-85-361-0984-8

1. Medicina do trabalho — Leis e legislação — Brasil 2. Segurança do trabalho — Leis e legislação — Brasil 3. Trabalho — Leis e legislação — Brasil 4. Trabalho e classes trabalhadoras — Leis e legislação I. Martins, Melchíades Rodrigues. II. Título.

07-4661　　　　　　　　　　　　　　CDU-34:331(81) (094.56)

**Índice para catálogo sistemático:**

1. Consolidação das Leis do Trabalho:
　　Comentários : Brasil　　34:331(81) (094.56)

*Projeto Gráfico e Editoração Eletrônica:* **Peter Fritz Strotbek**
*Capa:* **Fábio Giglio**
*Impressão:* **CROMOSETE**

(Cód. 3477.4)

© Todos os direitos reservados

**LTr**

**EDITORA LTDA.**

*Rua Apa, 165 - CEP 01201-904 - Fone (11) 3826-2788 - Fax (11) 3826-9180*
*São Paulo, SP - Brasil - www.ltr.com.br*

**Junho, 2007**

# Nota Explicativa

Este fascículo trata da Segurança e Medicina do Trabalho na forma estabelecida no Capítulo V da CLT, do Título II, o qual abrange seus arts. 154 a 201, eis que os arts. 202 a 223 foram revogados pela Lei n. 6.514, de 22.12.77 (DOU 23.12.77), a mesma que deu nova redação a todo o Capítulo V.

A matéria aqui tratada atende ao princípio da proteção do trabalhador que presta serviços sob o regime de emprego, como uma das características do Direito do Trabalho e ao preceito constitucional que elenca como um dos direitos dos trabalhadores a "redução dos riscos inerentes ao trabalho, por meio de normas de saúde, higiene e segurança" (art. 7º, inciso XXII).

Temas dos mais importantes são versados nesse Capítulo V da CLT como da necessidade da constituição das Comissões Internas de Prevenção de Acidentes (CIPAS) e o da observância das Normas Regulamentadoras baixadas pelo Ministério do Trabalho e Emprego, na forma delegada pelo art. 200, inclusive com a exigência do Serviço Especializado em Segurança e Medicina do Trabalho (SESMT)

Direitos e obrigações de empregados e empregadores estão previstos nesse Capitulo V examinado neste opúsculo à luz da doutrina, jurisprudência farta e precedentes e/ou resoluções administrativas pertinentes, tudo de modo a fornecer aos interessados o que há de mais atualizado a respeito da matéria exposta.

# Índice Sistemático

**Título II – Das Normas Gerais de Tutela do Trabalhador** .................... 15

**Capítulo V** – Da Segurança e da Medicina do Trabalho ........................ 15

**Seção I** – Disposições Gerais .............................................................. 15

**Artigo 154** ............................................................................................ 15
   I. Direito positivo .............................................................................. 15
   II. Competência legislativa ................................................................ 18
      Jurisprudência ................................................................................ 18
   III. Competência judicial .................................................................... 19
      Jurisprudência ................................................................................ 19
   IV. Alcance das Normas de Segurança e Medicina do Trabalho ........ 19

**Artigo 155** ............................................................................................ 20
      Jurisprudência ................................................................................ 20

**Artigo 156** ............................................................................................ 21

**Artigo 157** ............................................................................................ 21
      Jurisprudência ................................................................................ 23

**Artigo 158** ............................................................................................ 25
      Jurisprudência ................................................................................ 25

**Artigo 159** ............................................................................................ 26

**Seção II** – Da Inspeção Prévia e do Embargo ou Interdição ................. 27

**Artigo 160** ............................................................................................ 27

**Artigo 161** ............................................................................................ 27

**Seção III** – Dos Órgãos de Segurança e de Medicina do Trabalho nas Empresas . 29

**Artigo 162** ................................................................................................. 29

**Artigo 163** ................................................................................................. 31

**Artigo 164** ................................................................................................. 32

**Artigo 165** ................................................................................................. 32

**Peculiaridades sobre os membros da CIPA** ................................................ 33

   1. Eleição dos membros da CIPA .............................................................. 33

      Jurisprudência ....................................................................................... 33

   2. Suplente da CIPA .................................................................................. 34

      Jurisprudência ....................................................................................... 34

   3. Presidente da CIPA. Representante do empregador .............................. 35

      Jurisprudência ....................................................................................... 35

   4. Perda de mandato por ausência às reuniões da CIPA ........................... 36

      Jurisprudência ....................................................................................... 36

   5. Reintegração no emprego ou conversão do período de estabilidade em indenização ................................................................................................. 36

      Jurisprudência ....................................................................................... 37

   6. Extinção da empresa ............................................................................. 38

      Jurisprudência ....................................................................................... 39

   7. Extinção parcial das atividades do estabelecimento ou da empresa ...... 39

      Jurisprudência ....................................................................................... 39

   8. Encerramento de obra .......................................................................... 40

      Jurisprudência ....................................................................................... 40

   9. Transação e renúncia ............................................................................ 41

      Jurisprudência ....................................................................................... 41

   10. Prazo prescricional para reclamar ...................................................... 46

      Jurisprudência ....................................................................................... 46

**Seção IV** – Do Equipamento de Proteção Individual ................................... 47

**Artigo 166** ................................................................................................. 47

      Jurisprudência ....................................................................................... 48

Artigo 167 .................................................................................................. 49
    Jurisprudência ...................................................................................... 49

Seção V – Das Medidas Preventivas de Medicina do Trabalho ........................ 50

Artigo 168 .................................................................................................. 50
    Jurisprudência ...................................................................................... 56

Artigo 169 .................................................................................................. 58
    Jurisprudência ...................................................................................... 60

Seção VI – Das Edificações ........................................................................... 61

Artigo 170 .................................................................................................. 61

Artigo 171 .................................................................................................. 61

Artigo 172 .................................................................................................. 61

Artigo 173 .................................................................................................. 61

Artigo 174 .................................................................................................. 62

Seção VII – Da Iluminação ............................................................................ 62

Artigo 175 .................................................................................................. 62

Seção VIII – Do Conforto Térmico ................................................................ 63

Artigo 176 .................................................................................................. 63

Artigo 177 .................................................................................................. 64
    Jurisprudência ...................................................................................... 64

Artigo 178 .................................................................................................. 64

Seção IX – Das Instalações Elétricas .............................................................. 65

Artigo 179 .................................................................................................. 65

Artigo 180 .................................................................................................. 65

Artigo 181 .................................................................................................. 66

Seção X – Da Movimentação, Armazenagem e Manuseio de Materiais ............ 66

Artigo 182 .................................................................................................. 66
    Jurisprudência ...................................................................................... 67

Artigo 183 ................................................................................................ 67

Seção XI – Das Máquinas e Equipamentos ..................................................... 68

Artigo 184 ................................................................................................ 68

Artigo 185 ................................................................................................ 68

Artigo 186 ................................................................................................ 69

Seção XII – Das Caldeiras, Fornos e Recipientes sob Pressão ........................... 69

Artigo 187 ................................................................................................ 69

Artigo 188 ................................................................................................ 69
    Jurisprudência ..................................................................................... 70

Seção XIII – Das Atividades Insalubres ou Perigosas ....................................... 70

Artigo 189 ................................................................................................ 70
    Jurisprudência ..................................................................................... 71

Artigo 190 ................................................................................................ 71
    Jurisprudência ..................................................................................... 72

Artigo 191 ................................................................................................ 74
    Jurisprudência ..................................................................................... 75
    1. Servidores públicos ........................................................................... 77
    Jurisprudência ..................................................................................... 77
    2. Trabalho rural ................................................................................... 77
    Jurisprudência ..................................................................................... 78

Artigo 192 ................................................................................................ 79
    1. Condições insalubres ........................................................................ 79
        1.1. Limites de tolerância e tempo de exposição a agentes insalubres ..... 79
            Jurisprudência ........................................................................... 80
        1.2. Contato intermitente ................................................................. 80
            Jurisprudência ........................................................................... 80
        1.3. Óleos minerais (fabricação e manuseio) ..................................... 81
            Jurisprudência ........................................................................... 81
        1.4. Atividade a céu aberto, com exposição aos raios solares .............. 81
            Jurisprudência ........................................................................... 81

1.5. Lixo urbano e doméstico ................................................................. 81
    Jurisprudência ............................................................................... 82
1.6. Telefonista ....................................................................................... 83
    Jurisprudência ............................................................................... 84
1.7. Outras situações encontradas na Jurisprudência ......................... 85
2. Adicional de insalubridade. Base de cálculo e questões salariais ....... 86
    2.1. Natureza jurídica ........................................................................ 86
    2.2. Base de cálculo. Salário mínimo ............................................... 86
    Jurisprudência ................................................................................... 86
        2.2.1. Controvérsia. Incidência sobre a remuneração ............. 87
        Jurisprudência ........................................................................ 87
    2.3. Base de cálculo. Salário profissional, salário convencional e salário normativo ............................................................................................ 88
    Jurisprudência ............................................................................... 88
    2.4. Integração no salário ................................................................. 89
    Jurisprudência ............................................................................... 89
    2.5. Horas extras. Incidência ............................................................ 89
    Jurisprudência ............................................................................... 90
    2.6. Acordo de compensação de horário ......................................... 90
    Jurisprudência ............................................................................... 90
    2.7. Radiologista ................................................................................ 90
    Jurisprudência ............................................................................... 90
    2.8. Menor e atividade insalubre ...................................................... 91
    2.9. Cumulatividade de adicionais de insalubridade na hipótese da constatação de mais de um agente insalubre .................................................... 91
    Jurisprudência ............................................................................... 91
    2.10. Inclusão do adicional de insalubridade na folha de pagamento ............. 92
    Jurisprudência ............................................................................... 92
3. Adicional de insalubridade. Questões judiciais ................................... 92
    3.1. Causa de pedir e pedido. Agente insalubre diverso do indicado na inicial . 92
    Jurisprudência ............................................................................... 92
    3.2. Prova e prova emprestada (V. art. 195.3) ................................. 93
    3.3. Revelia ......................................................................................... 93
    Jurisprudência ............................................................................... 93

3.4. Supressão em razão da eliminação do agente insalubre .......................... 93
3.5. Substituição processual (V. art. 195.4) .................................................. 93

**Artigo 193** ............................................................................................................. 94
1. Conceito e distinção da periculosidade em relação à insalubridade ............ 94
   Jurisprudência ................................................................................................. 94
2. Requisitos caracterizadores do adicional de periculosidade ....................... 95
   Jurisprudência ................................................................................................. 95
3. Natureza jurídica salarial ............................................................................... 98
4. Base de cálculo. Regra geral e dos eletricitários .......................................... 98
   Jurisprudência ................................................................................................. 99
5. Integração ao salário ...................................................................................... 99
   Jurisprudência ................................................................................................. 100
6. Inclusão do adicional de periculosidade na folha de pagamento ................ 100
7. Horas de sobreaviso ....................................................................................... 100
   Jurisprudência ................................................................................................. 100
8. Opção por um dos adicionais (insalubridade e periculosidade). Momento da opção ......................................................................................................... 101
   Jurisprudência ................................................................................................. 101
9. Redução do adicional de periculosidade pela negociação coletiva ............. 102
   Jurisprudência ................................................................................................. 102
10. Empregados que operam em bomba de gasolina: art. 195.10 .................... 103
11. Empregados que trabalham dentro de edifício que armazena líquido inflamável. Direito do adicional. Todos os empregados ................................... 104
    Jurisprudência ................................................................................................. 104

**Artigo 194** ............................................................................................................. 104
   Jurisprudência ................................................................................................. 105

**Artigo 195** ............................................................................................................. 106
1. Perícia. Competência para a elaboração do laudo pericial .......................... 106
2. Prova da insalubridade e da periculosidade ................................................. 106
3. Prova emprestada ........................................................................................... 108
   3.1. Empresa extinta ...................................................................................... 108
   3.2. Local desativado ..................................................................................... 109
4. Substituição processual ................................................................................. 110
   Jurisprudência ................................................................................................. 110

**Artigo 196** .................................................................................................. 111
    Jurisprudência ....................................................................................... 111

**Artigo 197** .................................................................................................. 111

**Seção XIV** – Da Prevenção da Fadiga ....................................................... 112

**Artigo 198** .................................................................................................. 112
1. Trabalho da mulher ................................................................................. 112
2. Trabalho do menor .................................................................................. 113

**Artigo 199** .................................................................................................. 113

**Seção XV** – Das Outras Medidas Especiais de Proteção ........................ 114

**Artigo 200** .................................................................................................. 114
    Jurisprudência ....................................................................................... 116

**Seção XVI – Das Penalidades** ................................................................... 117

**Artigo 201** .................................................................................................. 117

**Apêndice** .................................................................................................... 119

**Normas Regulamentadoras do Ministério do Trabalho e Emprego em Matéria de Segurança e Medicina do Trabalho** ............................................ 121

**Constituição Federal** ................................................................................. 127
    Lei n. 7.369, de 20.9.1985 ..................................................................... 127
    Lei n. 7.410, de 27.11.1985 ................................................................... 128

**Precedentes Administrativos da Secretaria da Inspeção do Trabalho** .... 129

**Índice Alfabético e Remissivo** ................................................................. 131

# TÍTULO II
## DAS NORMAS GERAIS DE TUTELA DO TRABALHO

# CAPÍTULO V
## DA SEGURANÇA E DA MEDICINA DO TRABALHO

*(Redação deste Capítulo dada pela Lei n. 6.514, de 22.12.77 – DOU 23.12.77)*

### SEÇÃO I
#### Disposições Gerais

**Art. 154** *A observância, em todos os locais de trabalho, do disposto neste Capítulo, não desobriga as empresas do cumprimento de outras disposições que, com relação à matéria, sejam incluídas em códigos de obras ou regulamentos sanitários dos Estados ou Municípios em que se situem os respectivos estabelecimentos, bem como daquelas oriundas de convenções coletivas de trabalho.*

**I. Direito positivo.** A saúde, à qual se acham umbilicalmente inseridas à Segurança e a Medicina do Trabalho, é "Direito de todos e dever do Estado", conforme previsão feita no art. 196, da Constituição da República.

Todos os dispositivos pertinentes a essa matéria, tratada na chamada Ordem Social (arts. 193 a 204), estão a revelar a preocupação que teve o legislador constituinte em programar um complexo ideário para atendimento desse direito indisponível, que é a saúde diretamente relacionada com o mais importante Direito Humano: a vida.

Modernamente, a "Segurança do Trabalho também tem sido vista como fator de produção, uma vez que acidentes (ou até incidentes) influem de forma negativa em todo o processo produtivo já que o mesmo é responsável por perda de tempo, perda de materiais, diminuição da eficiência do trabalhador, aumento do absenteísmo, prejuízos financeiros. São fatores que resultam em sofrimento para o homem, mas que também afetam a qualidade dos produtos ou serviços prestados".[1]

Em sede de Direito do Trabalho há que se ater, em primeiro lugar, ao dispositivo no art. 1º, inciso IV, da Constituição da República ao proclamar que um dos fundamentos do Estado democrático de Direito são "os valores sociais do trabalho" e, em segundo lugar, ao que dispõe o art. 6º, *caput*, afirmando que "os direitos sociais são *a educação, a saúde, o trabalho, a moradia, o lazer, a segurança, a previdência social, a proteção à maternidade e à infância, à assistência aos desamparados, na forma da Constituição*".

---

(1) BARCELOS. Mary Angela. "Mapeamento de Riscos Ambientais", *in* Manual de Saúde e Segurança no Trabalho, Vol. III, junho/05, Coordenador Sebastião Ivone Vieira. LTr, SP, p. 40.

O meio ambiente do trabalho também deve proporcionar ao trabalhador condições para que ele possa desenvolver adequadamente as suas atividades, daí porque "quando se fala em meio ambiente do trabalho, tem-se em conta a proteção constitucional que é dada à saúde e à segurança do trabalhador, consideradas todas as atividades e esforços despendidos na busca do sustento próprio e da família, sem discriminações, alcançando, portanto, tudo que esteja em sua volta ou que seja empregado, direta ou indiretamente, para a sua execução.[2]

Ainda em sede de Direito Constitucional, faz-se necessário recorrer ao art. 7º, inciso XXII, que estabelece como direito dos trabalhadores "a redução dos riscos inerentes ao trabalho, por meio de normas de saúde, higiene e segurança".

A Constituição anterior, no art. 165, no Capítulo destinado à Ordem Econômica e Social, já assegurava aos trabalhadores os direitos que, além de outros, visassem à melhoria de sua condição social, e nessa área, especificava no inciso IX. "Higiene e Segurança do Trabalho" e no inciso XVI, "Previdência Social, Seguro contra Acidentes do Trabalho e Proteção da Maternidade".

De um modo mais genérico, não se pode deixar de mencionar que, nas Constituições Brasileiras, normalmente têm constado outros direitos dos trabalhadores que dizem respeito à preservação de seu estado de saúde, como os que tratam da idade mínima para o trabalho, das férias anuais remuneradas, do descanso semanal remunerado etc, eis que o lazer é também um direito social, ao lado do direito ao trabalho (art. 6º, da CF/88).

Para tanto, o Direito do Trabalho é regido por normas tutelares de saúde e segurança as quais, por isso mesmo, são imperativas, cogentes e de ordem pública, porque o interesse que visam a proteger não é só individual, mas da sociedade, como um todo.

Assim, além do salário digno, há que se cuidar do bem estar físico do homem que trabalha e se desgasta na produção de bens e na prestação de serviços, em prol do bem-comum.

É tão relevante essa proteção, que as Convenções Internacionais do Trabalho, como não poderiam deixar de ser, eis que os problemas atinentes a essa matéria dizem respeito ao ser humano que trabalha em qualquer lugar do mundo, têm-se dela ocupado desde 1921. Citamos, a Convenção n. 120, da OIT (Decreto n. 66.498/70), que trata da higiene no comércio e escritórios; a Convenção n. 155 da OIT (Decreto n. 1.254/74), que versa sobre segurança e saúde dos trabalhadores; a Convenção n. 161, da OIT (Decreto n. 127/91), alusiva ao serviço de saúde do trabalho.

A Portaria n. 3.214/78 do Ministério do Trabalho e Emprego estabeleceu várias Normas Regulamentadoras que, na atualidade, somam-se 33, nas quais estão compreendidas as normas específicas relativas à Segurança e Medicina e do Trabalho.

A evolução das formas ou técnicas de trabalho obrigou o Órgão competente ao estabelecimento de outras Normas Regulamentadoras, chegando ao número acima que poderá ser ultrapassado, já que a necessidade e a experiência no trato das questões

---

(2) SOARES, Evanna. "Ação Ambiental Trabalhista n. 2004", Sérgio Antonio Fabris Editor, Porto Alegre, p. 73.

relacionadas com a Segurança e Medicina do Trabalho são os parâmetros observados para a sua edição.

O art. 626, da CLT, estabelece, como regra geral, que incumbe ao Ministério do Trabalho e Emprego, a fiscalização pelo fiel cumprimento de suas normas, declarando competir às Delegacias Regionais do Trabalho, a promoção e a fiscalização das de segurança e medicina (saúde) do trabalho.

O Regulamento dos Benefícios da Previdência Social, por sua vez, determina que a empresa é responsável pela adoção de medidas coletivas e individuais de proteção de saúde ao trabalhador, constituindo contravenção penal, punível com multa, deixar a empresa de cumprir as normas de segurança e medicina do trabalho.

Citando Tissembaum, esclarece o Prof. *Octavio Bueno Magano*, em "As Novas Tendências do Direito do Trabalho", que "o temário do constitucionalismo social é o seguinte: a) segurança individual; b) o trabalho; c) a segurança social; d) a atividade econômica; e) a saúde; f) a justiça social".[3]

É o que consta da Constituição anterior e da vigente, embora, por vezes, apenas com sentido programático, revelando, sempre, uma preocupação social.

Ademais, como enfatiza *Ilídio das Neves* o direito social "é também um ordenamento jurídico de protecção do trabalho, concretizado em normas imperativas, que visam assegurar garantias mínimas, de natureza jurídica ou econômica, aos trabalhadores, mediante a intervenção do Estado, a exprimir a satisfação de interesses públicos. É o que acontece, entre outras normas, com os regimes jurídicos de duração e de cessação do contrato de trabalho, com as regras relativas à saúde, higiene e segurança nos locais de trabalho e, bem assim, com os princípios que determinam a fixação de valores mínimos para as remunerações do trabalho".[4]

Na CLT, o capítulo atinente à "Segurança e Medicina do Trabalho" é "o cerne do Direito Tutelar do Trabalho, porque a matéria nele versada é aquela em que mais se realça o intuito do legislador de evitar acidentes, preservar a saúde do trabalhador e propiciar a humanização do trabalho."[5] E no art. 154, introdutor do Capítulo V, do Título II, da CLT, regente da matéria, que trata das disposições gerais deixa claro que "a observância em todos os locais de trabalho, ao disposto neste Capítulo, não desobriga as empresas do cumprimento de outras disposições que, com relação à matéria, sejam incluídas em Códigos de obras ou regulamentos sanitários dos Estados ou Municípios em que se situem os respectivos estabelecimentos, bem como daquelas oriundas de Convenções Coletivas de Trabalho". Apesar deste artigo referir-se apenas às convenções coletivas de trabalho, a NR-1(Portaria n. 3.214/78), nas Disposições Gerais inclui "as disposições dos acordos coletivos de trabalho, que muitas vezes podem se revestir de mais importância porque nelas serão tratadas situações específicas em segurança e medicina do trabalho no ambiente de trabalho da empresa signatária do acordo (item 1.2).

---
(3) LTr, São Paulo, p. 71.
(4) "Direito da Segurança social, Princípios Fundamentais numa Análise Prospectiva".1996, Coimbra Editora, Portugal, p. 104.
(5) MAGANO, Octavio Bueno. "Manual de Direito do Trabalho", vol. IV, LTr, 2ª ed. p. 155.

Destaque-se, finalmente que todas as normas que compõem o capítulo V, arts. 154 a 201, da CLT, são originadas da Lei n. 6.514, de 22.12.77, a qual também revogou os arts. 202 a 223 da CLT.

**II. Competência legislativa.** A competência legislativa sobre segurança e medicina do trabalho é da União. Para compreensão da competência é preciso ter presente a decisão proferida na Ação Direta de Inconstitucionalidade n. 1893-9/RJ — medida liminar — Plenário, tendo por Relator o Ministro Marco Aurélio, julgado em 18.12.98, na qual ficou estabelecido que "O gênero *meio ambiente*, em relação ao qual é viável a competência em concurso com a União, dos Estados e do Distrito Federal, a teor do disposto no art. 24, VI, da Constituição Federal, não abrange o ambiente do trabalho, muito menos a ponto de chegar-se à fiscalização do local por autoridade estadual, com imposição de multa".

Referida decisão teve em mente também a preservação da competência da União para "organizar, manter e executar a inspeção do trabalho" (CF, art. 22, XXIV).

No entanto, o Ministro do Superior Tribunal de Justiça, Ruy Rosado Aguiar, citado por *Evanna Soares*,[6] afirma que "A subordinação do conceito de ambiente de trabalho ao direito do trabalho, e não ao direito ambiental, no qual a competência legislativa é concorrente, tem sido vista como limitação que prejudicará a aplicação das normas de defesa ambiental".

A verdade, como diz *Evanna Soares*, é que a decisão na ADIn "revela a preocupação da Suprema Corte em não permitir que os demais entes da Federação interfiram na fiscalização do meio ambiente do trabalho, posto que, reservada, para efeitos de edição de normas (competência legislativa), organização, manutenção e execução dos respectivos serviços, à União".[7]

Por derradeiro, no que concerne a proteção e defesa da saúde (Art. 24, XII), compete à União, aos Estados e ao Distrito Federal legislar da forma concorrente, mas em havendo lei federal sobre o assunto, prevalecerá sobre a lei estadual.

## *Jurisprudência*

*Ementa: Segurança e Higiene d Trabalho. Competência Legisltiva.* Ao primeiro exame, cumpre à União legislar sobre parâmetros alusivos à prestação de serviços — arts. 21, inciso XXIV, e 22, inciso I, da Constituição Federal. O gênero meio ambiente, em relação ao qual é viável a competência em concurso da União, dos Estados e do Distrito Federal, a teor do disposto no art. 24, VI, da Constituição Federal, não abrange o ambiente de trabalho, muito menos a ponto de chegar-se à fiscalização do local por autoridade estadual, com imposição de multa. Suspensão da eficácia da Lei n. 2.702, de 1997, do Estado do Rio de Janeiro. STF, ADIn n. 1893-9 – (Ac. TP, 18.12.98) – Rel. Min. Marco Aurélio. DJU 23.4.99.

---

(6) Ação Ambiental Trabalhista, Uma Proposta de Defesa Judicial do Direito Humano ao Meio Ambiente do Trabalho no Brasil, 2004, Sergio Antonio Fabris Editor, Rs, p. 155.
(7) Obra citada, p. 155.

**III. Competência judicial.** Depois de muita controvérsia ficou pacificado o entendimento de que as demandas que tenham causa de pedir o descumprimento de normas trabalhistas relativas à segurança, higiene e saúde dos trabalhadores são da competência da Justiça do Trabalho. Nada mais coerente essa definição, uma vez que toda a normatividade relacionada com a matéria é disciplinada na Consolidação das Leis do Trabalho (arts. 154/201) ou a ela atrelada. Hoje a matéria é sumulada pelo Supremo Tribunal Federal (Súmula n. 736).

## Jurisprudência

STF, Súmula n. 736. Competência – Ações que tenham como causa de pedir o descumprimento de normas trabalhistas relativas à segurança, higiene e saúde dos trabalhadores. Compete à Justiça do Trabalho julgar as ações que tenham como causa de pedir o descumprimento de normas trabalhistas relativas à segurança, higiene e saúde dos trabalhadores. (DJ 9.12.03).

**IV. Alcance das normas de segurança e medicina do trabalho.** A Lei n. 6.514, de 22.12.77, que altera o Capítulo V, do Título II da CLT, relativo à Segurança e Medicina do Trabalho, no seu art. 3º estabelece que "As disposições contidas nesta Lei aplicam-se, no que couber, aos trabalhadores avulsos, as entidades ou empresas que lhes tomem o serviço e aos sindicatos representativos das respectivas categorias profissionais. No § 1º diz que "Ao Delegado de Trabalho Marítimo ou ao Delegado Regional do Trabalho, conforme o caso, caberá promover a fiscalização do cumprimento das normas de segurança e medicina do trabalho em relação ao trabalhador avulso, adotando as medidas necessárias inclusive as previstas na Seção II, do Capítulo V, do Título II da Consolidação das Leis do Trabalho, com a redação que lhe for conferida pela presente Lei. Já no § 2º reza que "Os exames de que tratam os §§ 1º e 3º do art. 168 da Consolidação das Leis do Trabalho, com a redação desta Lei, ficarão a cargo do Instituto Nacional de Assistência Médica da Previdência Social – INAMPS, ou dos serviços médicos das entidades sindicais correspondentes. O cargo de Delegado Regional Marítimo foi extinto e o INAMPS foi transformado no INSS – Instituto Nacional de Seguro Social na atualidade. Sobre trabalhadores portuários reportamo-nos ao fascículo I, art. 3º da CLT, item 8. A NR-29, da Portaria n. 3.214/78, com a redação dada pela Portaria n. 158, de 10.4.06, DOU 17.4.06, regulamenta a segurança e saúde no trabalho portuário. Na referida NR-29 encontramos os objetivos, a aplicabilidade, as definições e todas as normas pertinentes a este trabalho especializado, alcançando "inclusive os trabalhadores portuários em operações tanto a bordo como em terra, assim como aos demais trabalhadores que exerçam atividades nos portos organizados e instalações portuárias de uso privativo e retroportuárias, situados dentro ou fora da área do porto organizado" (item 29.1.2, da Portaria n. 158/06, do MTE.

## Art. 155
*Incumbe ao órgão de âmbito nacional competente em matéria de segurança e medicina do trabalho:*

I – estabelecer, nos limites de sua competência, normas sobre a aplicação dos preceitos deste Capítulo, especialmente os referidos no *art. 200*;

II – coordenar, orientar, controlar e supervisionar a fiscalização e as demais atividades relacionadas com a segurança e a medicina do trabalho em todo o território nacional, inclusive a Campanha Nacional de Prevenção de Acidentes do Trabalho;

III – conhecer, em última instância, dos recursos, voluntários ou de ofício, das decisões proferidas pelos Delegados Regionais do Trabalho, em matéria de segurança e medicina do trabalho.

Esse dispositivo atribui ao Ministério do Trabalho e Emprego, a competência para estabelecer normas sobre a matéria de segurança e medicina do trabalho; coordenar e supervisionar a fiscalização, bem como cuidar da Campanha Nacional de Prevenção de Acidentes do Trabalho; e, conhecer, em última instância, dos recursos das partes ou da própria administração, das decisões proferidas pelas Delegacias Regionais do Trabalho, atinentes a essa matéria.

São, na verdade, funções complementares, uma de natureza normativa, já que procura dar funcionalidade a legislação que se encontra em vigor versando sobre segurança e medicina do trabalho, sendo o exemplo disso as normas regulamentares expedidas pelo Ministério do Trabalho e Emprego; a segunda, de orientar e fiscalizar o cumprimento das leis e normas regulamentares concernentes à segurança e medicina do trabalho. Evidentemente que, desta última função, que se traduz num controle pelos órgãos competentes com autuações àqueles que descumprirem as respectivas normas, de forma que na terceira função encontramos órgãos de segunda e última instância, cuja atribuição é conhecer, em última instância, dos recursos interpostos pelas partes ou da própria administração, das decisões proferidas pelas DRT, em matéria a elas afeta.

## *Jurisprudência*

*Ementa: Normas de proteção ao trabalhador. Fiscalização. Administração pública. Poder de polícia.* De acordo com o art. 200 da CLT, incumbe ao Ministério do Trabalho estabelecer disposições complementares às normas relativas à proteção ao trabalho, dentre outras, sobre prevenção de acidentes e equipamentos de proteção individual em obras de construção, demolição e reparos (inciso I). O art. 155, inciso II, também da CLT, prevê, ainda, que cabe ao órgão de âmbito nacional competente coordenar, orientar, controlar e supervisionar a fiscalização e as demais atividades relacionadas com a segurança e medicina do trabalho em todo território nacional, inclusive a Campanha Nacional de Prevenção de Acidentes do Trabalho. Pertence à Administração Pública o dever de fiscalizar as condições de segurança do trabalho e, consequentemente, o de aplicar penalidades pelo descumprimento às respectivas normas, atribuição que decorre do poder de polícia, consistente em atividade limitadora do exercício de direitos individuais em benefício do interesse coletivo. Esse poder se exerce pela regulamentação de leis e controle de sua aplicação em caráter preventivo, por meio de notificações, licenças e alvarás, ou repressivo, mediante imposição de medidas coercitivas. Constatada a irregularidade, sem que a hipótese exigisse a dupla visita (com notificação prévia à autuação) – foi correta a imposição da multa. Recurso a que se nega provimento. TRT 9ª Reg. REPA 80058-2005-001-09-00-9 – (Ac. SE 09975/06) – Relª Juíza Marlene T. Fuverki Suguimatsu. DJPR 4.4.06, p. 258.

## Art. 156 *Compete especialmente às Delegacias Regionais do Trabalho, nos limites de sua jurisdição:*

I – promover a fiscalização do cumprimento das normas de segurança e medicina do trabalho;

II – adotar as medidas que se tornem exigíveis, em virtude das disposições deste Capítulo, determinando as obras e reparos que, em qualquer local de trabalho, se façam necessárias;

III – impor as penalidades cabíveis por descumprimento das normas constantes deste Capítulo, nos termos do *art. 201.*

Às Delegacias Regionais do Trabalho compete promover a fiscalização do cumprimento das normas relacionadas com essa matéria, adotando medidas que se tornem exigíveis no tocante a obras e reparos em locais de trabalho; bem como impor as penalidades cabíveis, nos termos do art. 201, específico para as infrações deste Capítulo. *(Ver Lei n. 8.422/92 – LTr 56-06/694)*

Vale lembrar que, no tocante às microempresas, a Lei Complementar n. 123, de 14.12.06, (DOU 15.12.06), no seu art. 50 estabelece que "As microempresas serão estimuladas pelo poder público e pelos Serviços Sociais Autônomos a formar consórcios para acesso a serviços especializados em segurança e medicina do trabalho". No entanto, elas continuam sujeitas à fiscalização pelos agentes de fiscalização quanto ao cumprimento das normas de segurança e medicina do trabalho.

## Art. 157 *Cabe às empresas:*

I – cumprir e fazer cumprir as normas de segurança e medicina do trabalho;

II – instruir os empregados, através de ordens de serviço, quanto às precauções a tomar no sentido de evitar acidentes do trabalho ou doenças ocupacionais;

III – adotar as medidas que lhe sejam determinadas pelo órgão regional competente;

IV – facilitar o exercício da fiscalização pela autoridade competente.

Às empresas ou empregadores devem cumprir e fazer cumprir as normas de segurança e medicina do trabalho; instruir seus empregados de todas as formas possíveis; adotar as medidas determinadas pelos órgãos competentes; e, facilitar os trabalhos da fiscalização.

Veja-se que a empresa ou empregador deverá instruir os seus empregados através de ordens de serviços quanto às precauções a fim de se evitar acidente do trabalho ou doença profissional e também para que não pairem dúvidas a respeito. A ilação que se tira dessa exigência é a de que o empregado não poderá ser punido se desconhece as normas sobre a utilização de determinados equipamentos ou mesmo sobre as cautelas necessárias no desempenho de suas funções.

Ao fazer a contratação do trabalhador o empregador deve fazer constar do contrato de trabalho as instruções relacionadas com a segurança e medicina do trabalho e fiscalizar o seu cumprimento. No caso, se o empregador descumprir as normas de segurança e medicina do trabalho, quer pela ausência de instruções pertinentes ou não fornecimento de equipamento individual de proteção, o empregado poderá postular a rescisão indireta do contrato de trabalho com os consectários legais, com apoio no art. 483, da CLT e com pleito de indenização por dano moral fundada em acidente do trabalho ou a ele equiparado se presentes os requisitos dos arts. 186 e 927, do Código Civil de 2002, além daquelas relacionadas com seguro obrigatório contra acidentes (Art. 7º, XXVIII, CF).. Também no campo penal poderá incidir nas penas correspondentes ao ilícito penal decorrente e finalmente, sujeito as multas administrativas, na forma prevista no art. 201, da CLT, e a interdição do estabelecimento ou equipamento a que alude o art. 161 da mesma CLT.

A Recomendação n. 164, da OIT, como observa *Evanna Soares*,[8] alinha pelo menos oito obrigações básicas dos empregadores, levando em conta as características dos diferentes tipos de trabalho e ramos de atividade econômica: "a) proporcionar lugares de trabalho, maquinária e equipamentos e utilizar métodos de trabalho que, na medida em que seja razoável e factível, sejam seguros e não entranhem riscos para a segurança e saúde dos trabalhadores; b) dar as instruções e a formação necessárias, levando em conta as funções e as capacidades das diferentes categorias de trabalhadores; c) assegurar uma supervisão adequada do trabalho efetuado, das práticas de trabalho utilizadas e das medidas de segurança e higiene do trabalho aplicadas; d) adotar medidas de organização no que pertine à segurança e saúde dos trabalhadores e o meio ambiente de trabalho, adaptadas ao tamanho da empresa e à índole de suas atividades; e) proporcionar, sem nenhum custo para o trabalhador, as roupas de proteção individual e os equipamentos de proteção adequados que pareça necessário exigir quando não seja possível prevenir ou limitar riscos de outra forma; f) assegurar-se de que a organização do trabalho, particularmente no que tange à duração do trabalho e os períodos de descanso, não cause prejuízo à segurança e à saúde dos trabalhadores; g) tomar todas as medidas razoáveis e factíveis com vistas a eliminar toda fadiga física ou mental excessiva;

---

(8) *Ob.cit.*, pp.116-19.

e h) efetuar estudos e investigações ou manter-se de outra forma a par da evolução dos conhecimentos científicos e técnicos necessários ao cumprimento das disposições acima".

A Lei n. 8.213/91, no seu art. 19, que trata da conceituação do acidente do trabalho prescreve no parágrafo primeiro que "A empresa é responsável pela adoção e uso de medidas coletivas e individuais de proteção e segurança da saúde do trabalhador". Por essa disposição compreende-se que a responsabilidade do empregador está interligada com a adoção de medidas individuais e coletivas de proteção, observadas as peculiaridades do empreendimento econômico, atividades da empresa e seus trabalhadores, bem como o cumprimento das respectivas normas regulamentadoras expedidas pelo órgão competente em matéria de segurança e saúde no ambiente do trabalho.

No que se refere ao processo de terceirização, quarteirização de serviços etc, muito utilizado em nossos dias, a indagação que se faz é de qual empresa deve ser exigida a proteção ao meio ambiente do trabalho: da contratante ou da contratada? A esta indagação afirma *Evanna Soares* que "pela leitura da Convenção OIT n. 167, art. 8, obtém-se a resposta no sentido de "atribuir ao beneficiário dos serviços a responsabilidade pela aplicação das regras de segurança e saúde, mesmo que o trabalhador esteja vinculado formalmente a outro empregador". O art. 17 da Convenção OIT n. 155, ao estabelecer que "sempre que duas ou mais empresas desenvolvam simultaneamente atividades em um mesmo local de trabalho terão o dever de colaborar na aplicação das medidas previstas na presente Convenção sobre Saúde e Segurança dos Trabalhadores, autoriza que se conclua no mesmo sentido".

## Jurisprudência

*Ementa: Acidente do trabalho. Culpa da empregadora. Art. 157 da CLT. Inobservância. Dever de indenizar* – A lei incumbe a empregadora de zelar pela integridade física dos seus empregados; nesse passo, a empregadora deve orientá-los e treiná-los quanto a medidas de prevenção de acidentes no trabalho, conscientizando-os e explicando os procedimentos operacionais seguros, especialmente quando utilizem equipamentos que ofereçam risco. O trabalhador tem direito à informação sobre os riscos a que está exposto, às formas de prevenção e ao treinamento adequado para o desempenho de suas tarefas. Nesse sentido, o art. 157 da CLT determina às empresas: "I – cumprir e fazer cumprir as normas de segurança e medicina do trabalho; II – instruir os empregados, através de ordens de serviço, quanto às precauções a tomar no sentido de evitar acidentes do trabalho ou doenças ocupacionais; III – adotar as medidas que lhes sejam determinadas pelo órgão regional competente; (...)" Assim também dispõe o § 1º. do art. 19 da Lei n. 8.213/91, depois de definir o acidente do trabalho: "A Empresa é responsável pela adoção e uso das medidas coletivas e individuais de proteção e segurança da saúde do trabalhador". O risco do negócio é sempre da empregadora; assim sendo, quanto mais perigosa a operação, quanto mais exposto a risco estiver o empregado, tanto mais cuidado se exige daquela quanto à prevenção de acidentes. Comprovado que a empregadora negligenciou seu dever legal, contribuindo com culpa para a ocorrência de acidente fatal, deve prevalecer a sentença judicial, que deferiu a indenização por danos morais. TRT 3ª Reg. – RO 00839-2005-094-03-00-5 – (Ac. 2ª T.) – Rel. Des. Sebastião Geraldo de Oliveira. – DJMG 7.2.07, p. 13.

*Ementa: Acidente de trabalho. Máquinas perigosas e inseguras. Culpa do empregador. Dever legal de cumprir e fazer cumprir as normas de saúde e segurança no trabalho.* O legislador impôs ao empregador a obrigação de manter o ambiente de trabalho em condições hígidas e seguras, conforme dispõe o art. 157 da CLT. Com amparo no permissivo constante no art. 200 da CLT, com a redação dada pela Lei n. 6.514, de 1977, o Ministério do Trabalho editou a Portaria n. 3.214, de 1978, aprovando as Normas Regulamentadoras (NR), relativas a Segurança e Medicina do Trabalho. Apenas alertar que determinado equipamento é perigoso não atende à exigência de proteção à saúde e integridade física do trabalhador. A Reclamada não conseguiu provar que tivesse dado instruções específicas de como operar a máquina em que o Reclamante iria trabalhar, a qual viria, mas tarde, a mutilar sua mão. Ademais, é dever da empresas utilizar maquinário com mecanismos de segurança que não permitam que o empregado toque em suas partes perigosas enquanto ele estiver em funcionamento. Restou provado que o comportamento de limpar a máquina com as mãos e com ela em movimento era tolerado pelos encarregados, que, nada obstante tivessem o dever legal de cumprir as normas de saúde e segurança no trabalho (NR-01, item I), nada fizeram para proibir tal prática. Caracterizada, assim, a omissão da empresa em tornar efetivas as medidas de segurança do trabalho. TRT 18ª Reg. RO-01491-2005-082-18-00-1 – Rel. Juiz Elvecio Moura dos Santos. DJGO n. 14.758, 16.5.06, p. 57.

*Ementa: Acidente de trabalho. Ausência de fiscalização e treinamento. Indenização.* Nas hipóteses de acidente de trabalho, a culpa do empregador resta caracterizada quando não forem observadas as normas legais, convencionais, contratuais ou técnicas de segurança, higiene e saúde no trabalho. É dever legal da empresa, por seus proprietários, gerentes e prepostos, orientar o empregado quanto ao equipamento utilizado na prestação laboral e aos riscos da operação, informando-o a respeito das precauções a tomar, no sentido de evitar acidentes. Trata-se de garantia constitucional de proteção ao trabalhador (art. 7º, XXII). Quando o empregador permite o uso de máquina guilhotina por trabalhador não habilitado para operá-la, deixa de cumprir o seu poder-dever de fiscalização e, omissivamente, pratica ato lesivo ao Autor, devendo, portanto, indenizá-lo dos danos morais sofridos em decorrência do acidente de trabalho ocorrido.TRT 9ª Reg. RIND 99509-2005-658-09-00-1 – (Ac. 1ª T. 21908/06) – Rel. Juiz Ubirajara Carlos Mendes. DJPR 28.7.06, p. 693.

# Art. 158 *Cabe aos empregados:*

*I* – observar as normas de segurança e medicina do trabalho, inclusive as instruções de que trata o item II do artigo anterior;

*II* – colaborar com a empresa na aplicação dos dispositivos deste Capítulo.

*Parágrafo único* – Constitui ato faltoso do empregado a recusa injustificada:

*a)* à observância das instruções expedidas pelo empregador na forma do item II do artigo anterior;

*b)* ao uso dos equipamentos de proteção individual fornecidos pela empresa.

Aos empregados cabe observar as normas e as instituições baixadas pelos empregadores; colaborar com a empresa na aplicação das normas pertinentes, constituindo ato faltoso a recusa injustificada à observância das normas e instituições e, bem assim, ao uso dos equipamentos de proteção individual fornecidos pelas empresas. Registre-se, no tocante a essa norma, que não basta o fornecimento dos EPIs, mas, também, a fiscalização do devido uso, para que seja cumprido o objetivo da proteção (Súmula n. 289, TST).

Verifica-se que a recusa injustificada do empregado na observância das instruções expedidas pelo empregador na forma do item II do art. 157, ou ao uso dos equipamentos de proteção individual fornecido pela empresa poderá redundar em ato faltoso ensejador da aplicação da justa causa a que alude o art. 482, da CLT. A jurisprudência trabalhista tem admitida a culpa concorrente em acidente do trabalho quando o empregado concorre com a sua negligência ao não cumprir as ordens recebidas do seu empregador.

## Jurisprudência

> TST, Súmula n. 289. Insalubridade. Adicional. Fornecimento do aparelho de proteção. Efeito (mantida) – Res. 121/2003, DJ 19, 20 e 21.11.2003. O simples fornecimento do aparelho de proteção pelo empregador não o exime do pagamento do adicional de insalubridade. Cabe-lhe tomar as medidas que conduzam à diminuição ou eliminação da nocividade, entre as quais as relativas ao uso efetivo do equipamento pelo empregado.

> *Ementa: 1. Justa causa. Comprovação.* A imputação da justa causa deve ser apenas reconhecida em casos extremos, dentro daquelas hipóteses ventiladas no art. 482 da CLT e acompanhada de justificativa plena e inquestionável. No caso dos autos, estando comprovado que o Reclamante incorreu em conduta desidiosa — não-uso dos equipamentos de segurança, de cuja obrigatoriedade tinha ciência —, acertada revelou-se a sua dispensa. É de se notar, ainda, que a conduta displicente do Autor para com sua própria integridade física causou prejuízo à Reclamada, que, como consta nos autos, foi multada pela empresa para a qual presta serviços em razão do ocorrido. Recentes fatos ocorridos e amplamente

divulgados pela mídia (como, por exemplo, a explosão em Alcântara, MA) só confirmam a tese de que o perigo não tem dia e hora para acontecer e, portanto, não há como deixar de usar a proteção fornecida. 2. *Adicional de Periculosidade. Laudo Pericial.* Estando devidamente comprovado pela perícia que o Reclamante, apesar de prestar serviços a uma telefônica de instalação de redes de telecomunicações, estava exposto a riscos, ante a proximidade entre a rede aérea e aquelas de baixa e alta tensão da CEB, a ele é devido, com base na legislação pertinente, o pagamento de adicional de periculosidade. Recurso conhecido e parcialmente provido. TRT 10ª Reg. RO 00276-2004-020-10-00-0 – (Ac. 3ª T. /2005) – Relª Juíza Maria de Assis Calsing. DJU3 4.3.05, p. 26.

*Ementa: Acidente do trabalho. Entrega de EPIS. Ausência de utilização. Culpa concorrente.* Se ao empregador incumbe o fornecimento e a fiscalização do uso dos EPIs necessários ao desempenho das funções pelo empregado, a este cumpre adequadamente utilizá-los, sob pena de, em acontecendo o acidente por não-observância de tais regras, ser reconhecida a culpa concorrente. TRT 12ª Reg. RO-V 02594-2006-005-12-00-3 – (Ac. 3ª T. 03722/07, 27.2.07) – Rel. Juiz Gerson Paulo Taboada Conrado. TRT-SC/DOE 10.4.07.

**Art. 159** *Mediante convênio autorizado pelo Ministério do Trabalho, poderão ser delegadas a outros órgãos federais, estaduais ou municipais atribuições de fiscalização ou orientação às empresas quanto ao cumprimento das disposições constantes deste Capítulo.*

Conforme o disposto no mencionado artigo e no item 1.5., da NR-1, da Portaria n. 3.214/78, do MTE, "podem ser delegadas a outros órgãos federais, estaduais e municipais, mediante convênio autorizado pelo Ministro do Trabalho, atribuições de fiscalização e/ou orientação às empresas, quanto ao cumprimento dos preceitos legais e regulamentares sobre segurança e medicina do trabalho".

Acredita-se que a norma deste artigo leva em consideração as dimensões territoriais do nosso País e o custo operacional com as inspeções do trabalho, daí porque se admite a delegação na forma preconizada que nada mais é do que uma complementação das atribuições afetas do Ministério do Trabalho e Emprego, já que o convênio deve ser por ele autorizado.

# SEÇÃO II
## DA INSPEÇÃO PRÉVIA E DO EMBARGO OU INTERDIÇÃO

**Art. 160** *Nenhum estabelecimento poderá iniciar suas atividades sem prévia inspeção e aprovação das respectivas instalações pela autoridade regional competente em matéria de segurança e medicina do trabalho.*

§ 1º – Nova inspeção deverá ser feita quando ocorrer modificação substancial nas instalações, inclusive equipamentos, que a empresa fica obrigada a comunicar, prontamente, à Delegacia Regional do Trabalho.

§ 2º – É facultado às empresas solicitar prévia aprovação, pela Delegacia Regional do Trabalho, dos projetos de construção e respectivas instalações.

A importância desse dispositivo reside no fato de que nenhum estabelecimento poderá dar início às suas atividades sem prévia inspeção, com a devida aprovação das instalações pela autoridade competente nessa matéria.

Também deverá haver inspeções quando ocorrerem modificações substanciais nas instalações anteriormente aprovadas, nelas compreendendo os seus equipamentos se houver alterações. Para tanto, ficam as empresas obrigadas a comunicar, prontamente, à Delegacia Regional do Trabalho, as modificações feitas, facultando-se a elas solicitar prévia aprovação de seus projetos. A expressão prontamente, que consta do texto legal, deve ser entendida que a comunicação sobre alterações ocorridas no local de trabalho deverão ser feitas tão logo o empregador tenha procedido às alterações no seu estabelecimento. Nada impede, porém, que a empresa solicite a inspeção prévia, o que é recomendável, se considerarmos a possibilidade de a DRT embargar ou interditar a obra se ela não estiver em conformidade com os preceitos legais.

É importante assinalar que após a inspeção prévia, o órgão competente emitirá o Certificado de Aprovação de Instalações – CAI.

A NR-2, da Portaria n. 3.214/78, do MTE, estabelece as regras sobre a Inspeção prévia.

**Art. 161** *O Delegado Regional do Trabalho, à vista do laudo técnico do serviço competente que demonstre grave e iminente risco para o trabalhador, poderá interditar estabelecimento, setor de serviço, máquina ou equipamento, ou embargar obra, indicando na decisão, tomada com a brevidade que a ocorrência exigir, as providências que deverão ser adotadas para prevenção de infortúnios de trabalho.*

§ 1º – As autoridades federais, estaduais e municipais darão imediato apoio às medidas determinadas pelo Delegado Regional do Trabalho.

*§ 2º* – A interdição ou embargo poderão ser requeridos pelo serviço competente da Delegacia Regional do Trabalho e, ainda, por agente da inspeção do trabalho ou por entidade sindical.

*§ 3º* – Da decisão do Delegado Regional do Trabalho poderão os interessados recorrer, no prazo de 10 (dez) dias, para o órgão de âmbito nacional competente em matéria de segurança e medicina do trabalho, ao qual será facultado dar efeito suspensivo ao recurso.

*§ 4º* – Responderá por desobediência, além das medidas penais cabíveis, quem, após determinada a interdição ou embargo, ordenar ou permitir o funcionamento do estabelecimento ou de um dos seus setores, a utilização de máquina ou equipamento, ou o prosseguimento de obra, se, em conseqüência, resultarem danos a terceiros.

*§ 5º* – O Delegado Regional do Trabalho, independente de recurso, e após laudo técnico do serviço competente, poderá levantar a interdição.

*§ 6º* – Durante a paralisação dos serviços, em decorrência da interdição ou embargo, os empregados receberão os salários como se estivessem em efetivo exercício.

Como decorrência desse mandamento legal, pode o Delegado Regional do Trabalho interditar estabelecimento, setor de serviço, máquina ou equipamento, ou, ainda, embargar obra, se colocado em laudo técnico do serviço competente que demonstre grave e iminente risco para o trabalhador. Ato contínuo deve a autoridade tomar a decisão que a ocorrência exigir, adotando medidas para prevenção de acidentes do trabalho.

A interdição ou embargo, disciplinada na NR-3, da Portaria n. 3.214/78, poderão ser requeridos pelo serviço competente da DRT, por agente de inspeção de trabalho ou por entidade sindical. Embora não esteja expressamente prevista nesta norma, é certo que as Comissões Internas de Prevenção de Acidentes (CIPAs), poderão também requerer as providências para interdição ou embargo de que trata essa norma.

No item 5.16, da NR-5, da Portaria n. 3.214/78, do MTE, constam várias atribuições da CIPA que estão em sintonia com este dispositivo, já que o ambiente do trabalho sadio contribui sobremaneira para o aumento de produtividade e menor incidência de riscos com acidente de trabalho ou doença profissional.

Da decisão do Delegado caberá recurso no prazo de dez dias para o órgão de âmbito nacional competente, cujo prazo é contado da ciência da decisão, sendo que o recurso deverá respeitar o disposto no art. 636, da CLT.

A determinação da interdição ou embargo deverá ser obedecida fielmente, eis que responderá por desobediência além das medidas penais cabíveis quem ordenar ou permitir o funcionamento dos serviços ou obras interditadas ou embargadas (Código Penal, arts. 132, expor a vida ou a saúde de outrem a perigo direto ou iminente, 205 (crime contra a organização do trabalho) e 330 (crime de desobediência), observados as peculiaridades de cada caso).

A paralisação da atividade em razão de tais atos não prejudicará os direitos dos empregados, já que os riscos do empreendimento devem ser suportados pelo empregador (art. 2º, da CLT). Entretanto, se a paralisação ocorrer por mais de 30 dias com pagamento de salários e observando o empregador as exigências previstas no inciso III do art. 133 da CLT (comunicação do fato ao MTE e Sindicato), o empregado perderá o direito às férias.

De notar-se que o Delegado poderá levantar a interdição ou o embargo após laudo técnico do serviço competente, independentemente de ter havido, ou não, recurso da empresa.

Finalmente, qualquer ato abusivo praticado pela autoridade competente no que concerne a esta matéria poderá ser atacado via mandado de segurança. Neste caso, se o ato for arbitrário e considerando-se que a Autoridade competente é servidor público da União, esta poderá ser acionada para responder por eventuais danos causados à empresa (art. 37, § 6º, da CF).

# SEÇÃO III
## DOS ÓRGÃOS DE SEGURANÇA E DE MEDICINA DO TRABALHO NAS EMPRESAS

**Art. 162** *As empresas, de acordo com normas a serem expedidas pelo Ministério do Trabalho, estarão obrigadas a manter serviços especializados em segurança e em medicina do trabalho.*

*Parágrafo único –* As normas a que se refere este artigo estabelecerão:

*a)* classificação das empresas segundo o número mínimo de empregados e a natureza do risco de suas atividades;

*b)* o número mínimo de profissionais especializados exigido de cada empresa, segundo o grupo em que se classifique, na forma da alínea anterior;

*c)* a qualificação exigida para os profissionais em questão e o seu regime de trabalho;

*d)* as demais características e atribuições dos serviços especializados em segurança e em medicina do trabalho, nas empresas.

Esse artigo impõe a obrigação das empresas de manter Serviços Especializados em Segurança e Medicina do Trabalho (SESMET), conforme normas expedidas pelo Ministério do Trabalho e Emprego (NR-04).

A finalidade do SESMET é "de promover a saúde e proteger a integridade do trabalhador no local de trabalho". *(4.1., da NR-4)*

Essas normas visam à classificação das empresas segundo o número de empregados e a natureza do risco de suas atividades. Visam, também, a estabelecer o mínimo de profissionais especializados exigido para cada empresa, segundo seu grau de risco, bem como a qualificação exigida para os profissionais respectivos, seu regime de trabalho e as demais características e atribuições de tais serviços especializados (V. Lei n. 7.410/85 e Decreto n. 92.530/86 que dispõem sobre a especialização e a regulamentação dos Engenheiros, Arquitetos em Engenharia de Segurança e a profissão de técnico de Segurança do Trabalho).

São profissionais especialistas para execução dos serviços especializados em Engenharia de Segurança e em Medicina do Trabalho (SESMT), o Engenheiro de Segurança do Trabalho, o Médico do Trabalho, o Enfermeiro do Trabalho, o Auxiliar de Enfermagem e o Técnico do Trabalho, todos com a devida comprovação dos cursos especializados existentes no país.

As empresas públicas e privadas são obrigadas a organizar o SESMT, desde que aplicáveis a elas, o grau de risco da atividade principal da empresa e o número total de empregados.

O grau de risco é obtido por meio do Quadro I, Classificação Nacional de Atividades Econômicas (CNAE), conforme se pode verificar na NR-04.

O número total dos empregados está no Quadro II, da mesma Norma Regulamentadora, com cinco exceções.

As empresas poderão constituir SESMT Centralizado para atendimento do conjunto de estabelecimentos desde que a distância entre estes e o Centralizado não ultrapasse 5.000 metros. Há outras hipóteses para a Constituição do SESMT Centralizadas como, por exemplo, os Canteiros de Obras e as Frentes de Trabalho, com menos de mil empregados e situados no mesmo Estado, porque não serão considerados como estabelecimentos e sim como integrantes da empresa de engenharia responsável por eles.

Além desse Serviço Especializado, de que trata a NR-04, há outros três serviços de prevenção similares, para atividades específicas, a saber:

1) Serviço Especializado em Segurança e Saúde do Trabalho Portuário – SESSTP, mencionado no item 29.2.1, da NR-29.

2) Grupo de Segurança e Saúde no Trabalho a Bordo dos Navios Mercantes – GSSTB, previsto no item 30.4, da NR-30.

3) Serviço Especializado em Segurança e Saúde no Trabalho Rural – SESTR, previsto no item 31.6, da NR-31, bem como a Segurança e Saúde e na Agricultura, Pecuária, Silvicultura, Exploração Florestal e Aqüicultura.

No que concerne às microempresas estabelece o art. 50, da Lei Complementar n. 123, de 14.12.06 (DOU 15.12.06) que elas "serão estimuladas pelo poder e pelos Serviços Sociais Autônomos a formar consórcios para acesso a serviços especializados em segurança e medicina do trabalho".

Quanto ao dimensionamento dos Serviços Especializados em Engenharia de Segurança e em Medicina do Trabalho — SESMT, é importante ressaltar a existência do Precedente Administrativo n.70 do Secretaria da Inspeção do Trabalho que assim dispõe:

> "Segurança e Saúde no Trabalho. Dimensionamento dos Serviços Especializados em Engenharia de Segurança e em Medicina do Trabalho — SESMT. Enquadramento no Cadastro Nacional de Atividades Econômicas — CNAE. O dimensionamento do SESMT deve estar de acordo com o grau de risco da atividade efetivamente realizada no estabelecimento, que pode ser constatada em inspeção do trabalho. Irregular o dimensionamento que considerou o grau de risco correspondente ao CNAE declarado pelo empregador mas se mostrou inadequado ao risco constatado no local de trabalho. Autuação procedente. Referência Normativa: Item 4.2 da Norma Regulamentadora NR-4."

**Art. 163** *Será obrigatória a constituição de Comissão Interna de Prevenção de Acidentes – CIPA –, de conformidade com instruções expedidas pelo Ministério do Trabalho, nos estabelecimentos ou locais de obra nelas especificadas.*

*Parágrafo único –* O Ministério do Trabalho regulamentará as atribuições, a composição e o funcionamento das CIPAs. *(Vide NR-5 da Portaria n. 3.214/78)*

Este dispositivo, originado pela Lei n. 6.514/77, torna obrigatória a constituição de Comissão Interna de Prevenção de Acidentes (CIPA), já que antes algumas empresas por sua iniciativa adotavam comissões com o mesmo objetivo. Agora, tanto as empresas privadas como as públicas estão obrigadas a ter referida Comissão, na forma estabelecida pelas instruções da autoridade competente, que é o Ministério do Trabalho e Emprego.

A NR-5, da Portaria n. 3.214/78, versa sobre a referida comissão que tem por "objetivo a prevenção de acidentes e doenças decorrentes do trabalho, de modo a tornar compatível permanentemente o trabalho com a preservação da vida e a promoção da saúde do trabalhador" (5.1, da NR-5).

É importante destacar que "a empresa que possuir em um mesmo município dois ou mais estabelecimentos, deverá garantir a integração das CIPAs e dos designados, conforme o caso, com o objetivo de harmonizar as políticas de segurança e saúde no trabalho" (5.4, da NR-5, da Portaria n. 3.214/78). Da mesma forma, "as empresas instaladas em centro comercial ou industrial estabelecerão, através de membros de CIPA ou designados, mecanismos de integração com o objetivo de promover o desenvolvimento de ações de prevenção de acidentes e doenças decorrentes do ambiente e instalações de uso coletivo, podendo contar com a administração do mesmo" (5.5., da mesma NR).

As empresas que estão dispensadas de manter a CIPA terão que manter uma pessoa responsável para o cumprimento da Norma Regulamentadora n. 5, e para isso se exige um treinamento anual adequado para tal mister, tudo em conformidade com os subitens 5.32.2 e 5.33, da NR-5, da Portaria n. 3.214/78.

**Art. 164** *Cada CIPA será composta de representantes da empresa e dos empregados, de acordo com os critérios que vierem a ser adotados na regulamentação de que trata o parágrafo único do artigo anterior.*

§ 1º – Os representantes dos empregadores, titulares e suplentes, serão por eles designados.

§ 2º – Os representantes dos empregados, titulares e suplentes, serão eleitos em escrutínio secreto, do qual participem, independentemente de filiação sindical, exclusivamente os empregados interessados.

§ 3º – O mandato dos membros eleitos da CIPA terá a duração de 1 (um) ano, permitida uma reeleição.

§ 4º – O disposto no parágrafo anterior não se aplicará ao membro suplente que, durante o seu mandato, tenha participado de menos da metade do número da reuniões da CIPA.

§ 5º – O empregador designará, anualmente, dentre os seus representantes, o Presidente da CIPA, e os empregados elegerão, dentre eles, o Vice-Presidente.

A CIPA será constituída por representantes da empresa e dos empregados, de acordo com a regulamentação própria.

Os representantes da empresa, titulares e suplentes, serão por ela designados.

Os representantes dos empregados, titulares e suplentes, serão eleitos, em votação secreta, da qual participem, independentemente de filiação sindical, exclusivamente os empregados interessados.

Os membros eleitos da CIPA, terão mandato de 1 (um) ano, permitida uma reeleição. O Quadro I do Anexo 1, da NR-5, da Portaria n. 3.214/78, estabelece o dimensionamento da CIPA, tomando-se por base o número de trabalhadores.

Quanto ao suplente que não tiver participado de, pelo menos, metade do número de reuniões durante o período do mandato, será vedada sua reeleição.

O Presidente da CIPA será designado, anualmente, pelo empregador, e o Vice-Presidente pelos empregados, dentre os eleitos.

**Art. 165** *Os titulares da representação dos empregados nas CIPAs não poderão sofrer despedida arbitrária, entendendo-se como tal a que não se fundar em motivo disciplinar, técnico, econômico ou financeiro.*

Parágrafo único – Ocorrendo a despedida, caberá ao empregador, em caso de reclamação à Justiça do Trabalho, comprovar a existência de qualquer dos motivos mencionados neste artigo, sob pena de ser condenado a reintegrar o empregado.

Determina esse artigo que os titulares da representação dos empregados nas CIPA(s) gozarão de estabilidade, para não sofrerem despedida arbitrária, entendida como tal a que não se fundar em motivo disciplinar, técnico, econômico ou financeiro.

O motivo técnico é aquele resultante da adoção de nova tecnologia ou metodologia operacional, quer nas atividades-fins, quer nas atividades-meio da empresa, que acarreta a alteração quantitativa da mão-de-obra utilizada (TRT, 2ª Reg. RO 02990056399, Ac. 10ª T. 19990681778), Rel. Juiz Luiz Carlos Gomes Godoi, DJ 4.2.01, p. 32). O motivo financeiro, como o próprio nome indica relaciona-se com a situação de caixa da empresa (receita e despesas); já o motivo econômico está relacionado com a conjuntura econômica adversa à atividade da empresa, no tocante ao processo inflacionário ou mesmo recessivo.

Em caso de despedida, terá o empregador que comprovar, perante a Justiça do Trabalho, a existência de qualquer dos motivos acima mencionados.

A CF/88, trata desse tema no art. 10, II, "a", das Disposições Transitórias.

Historicamente, a OIT, em maio de 1921, aprovou recomendação no sentido de que todas as empresas que empregassem 25 trabalhadores, no mínimo, deveriam possuir comitê de segurança.

Segundo informação colhida em *Edwar Abreu Gonçalves*, na obra citada, essa recomendação, no Brasil, só foi cumprida espontaneamente pela *São Paulo Light and Power*.

A rigor, foi a partir da Lei n. 6.514, de 22.12.77, e regulamentação feita pela Portaria n. 3.214, de 8.6.78, que a obrigatoriedade da constituição de CIPAS passou a ser exigida.

A NR-5, do trabalho urbano está disciplinada na Portaria SSST-MTE n. 08, de 23.2.99, com retificação em 12.7.99, contendo 9 tópicos sobre objetivo, constituição, organização, atribuições, funcionamento, treinamento, processo eleitoral, contratantes e contratadas e disposições finais.

## Peculiaridades sobre os membros da CIPA

**1. Eleição dos membros da CIPA.** A rigor, todos os empregados em atividades no estabelecimento ou na empresa podem ser candidatos a membros da CIPA, porque a lei não coloca nenhuma restrição (NR-5.40, "c"). Assim, até o dirigente sindical pode ser candidato como membro da CIPA, já que não há nenhuma incompatibilidade no exercício das duas funções. Quando o empregado está afastado por motivo de doença ou outros motivos, a jurisprudência deixa antever a possibilidade de ser candidato. Quer nos parecer, no entanto, que deve ser sopesado o tipo de afastamento, já que em se tratando de afastando longo, a representação ficaria sem sentido e fora do princípio da razoabilidade, até porque há norma que prestigia a freqüência às reuniões da Comissão, sob pena de perda do mandato e da garantia de emprego (NR-5.30). Em caso de empate nas votações para CIPA, aplica-se a regra prevista na NR-5, item 5.44, que dispõe que assumirá "aquele que tiver maior tempo de serviço no estabelecimento".

## *Jurisprudência*

TST, Precedente Normativo n. 86 (Dissídio Coletivo) – Representantes dos trabalhadores. Estabilidade no emprego. (positivo). (DJ 8.9.1992). Nas empresas com mais de 200 empregados é assegurada a eleição direta de um representante, com as garantias do art. 543, e seus §§, da CLT. *(Ex-PN n. 138)*

*Ementa: Embargos. Garantia de emprego. Dispensa ocorrida no ano que se seguiu ao término do mandato da CIPA. Dispensa inválida. Nova eleição.* Comunicação de inscrição a cargo eletivo do sindicato da categoria. A dispensa de empregado no exercício do mister de representação sindical é nula. Assim, não se deve reconhecer quaisquer efeitos a tal ato, especialmente se tendentes a limitar o exercício do mandato em curso, aí abrangido o direito de candidatura à reeleição ou a outro mandato sindical. É certo que a jurisprudência admite a resolução da garantia no emprego em indenização correspondente ao período respectivo, mas daí não resulta autorização para o empregador inviabilizar o exercício do *munus* representativo, na vigência do período estabilitário, mediante a resilição ilegal do contrato, ainda que acompanhada da indenização devida. Entendimento em sentido contrário corresponderia a consagrar ao empregador, por via transversa, o direito de interferir indevidamente na representação da categoria profissional, com grave comprometimento de valores constitucionalmente consagrados. Recurso de embargos não conhecido. TST-E-RR-588.541/1999.8 – (Ac. SBDI1) – 2ª Reg. – Red. Desig. Min. Lelio Bentes Corrêa. DJU 11.11.05, p. 910.

*Ementa: Garantia provisória no emprego do candidato a membro da CIPA. Não-concretização da eleição. Indenização substitutiva. Inexistência do direito postulado.* A garantia provisória no emprego não constitui vantagem pessoal, já que o bem tutelado pela legislação é a segurança das atividades dos membros da CIPA. A legislação objetiva assegurar o emprego exclusivamente dos empregados eleitos para a comissão interna de prevenção de acidentes, desde o registro da candidatura até um ano após o final de seu mandato (art. 10, II, a, do ADCT da Constituição da República, art. 165 da CLT e NR-5, item 5.8). Não tendo sido eleito, o postulante não preenche o requisito essencial da investidura no cargo, já que sem a existência do mandato não se configura o bem que a lei visa a proteger. TRT 12ª Reg. RO-V 00685-2006-054-12-00-4 – (Ac. 2ª T. 02974/07, 5.12.06). – Relª Juíza Marta Maria Villalba Fabre. TRT-SC/DOE 21.3.07.

**2. Suplente da CIPA.** Os membros suplentes da CIPA, antes da Constituição de 1988, não detinham direito a estabilidade provisória (Súmula n. 339, I, do TST). Entretanto, a partir da Constituição de 1988, depois de muita controvérsia, também os suplentes passaram a gozar da mesma garantia de emprego, tanto que a matéria passou a ser sumulada no STF (Súmula n. 676) e no TST (Súmula n. 339, I). Não há, por outro lado, limitação ao número de suplentes, uma vez que vinculados com os titulares (5.3.2, da NR-5).

## Jurisprudência

*STF, Súmula n. 676:* A garantia da estabilidade provisória prevista no art. 10,II, a, do ADCT, também se aplica ao suplente do cargo de direção de comissões internas de prevenção de acidentes (CIPA) – DJ 13.10.03)

*TST, Súmula n. 339 – 1.* O suplente da CIPA goza da garantia de emprego prevista no art. 10, II, "a", do ADCT, a partir da promulgação da Constituição Federal de 1988 (ex-Súmula n. 339 – Resol. 39/1994, DJ 20.12.94 e ex-OJ n. 25 – inserida em 29.3. 96)

*TST, OJ-SDI-2 n. 6 – Ação rescisória. Cipeiro suplente. Estabilidade. ADCT da CF/88, art. 10, II, "a". Súmula n. 83 do TST. (Inserida em 20.9.2000. Nova redação – Res. 137/2005, DJ 22.8.2005).* Rescinde-se o julgado que nega estabilidade a membro suplente de CIPA, representante de empregado, por ofensa ao art. 10, II, "a", do ADCT da CF/88, ainda que se cuide de decisão anterior à Súmula n. 339 do TST. Incidência da Súmula n. 83 do TST

*Ementa: Estabilidade de membro da CIPA. Limitação do número de suplentes. Inexistência.* A Súmula n. 339, item I, do C. TST, ao dispor sobre os contornos do art. 10, II, "a", do ADCT, não faz restrição quanto ao número de suplentes beneficiados pela estabilidade de membro da CIPA. A existência de tantos suplentes quantos forem os membros titulares atende ao disposto no item 5.3.2 da NR-5, deste teor: 'Haverá, na CIPA, tantos suplentes quantos forem os representantes titulares, sendo a suplência específica de cada titular e pertencendo ao mesmo setor'. Incabível a tese patronal de haver apenas um suplente estável. Recurso da Reclamada a que se nega provimento, no particular.TRT 9ª Reg. RO 11638-2004-003-09-00-8 – (Ac. 1ª T. 29773/06) – Rel. Juiz Ubirajara Carlos Mendes. DJPR 20.10.06, p. 661.

**3. Presidente da CIPA. Representante do empregador.** O presidente da CIPA é normalmente designado pelo empregador (CLT, art. 164, § 5º), e nessa conformidade, a exemplo dos demais representantes do empregador não é beneficiário da garantia de emprego já ventilada. Entretanto, se o empregador abdica da faculdade conferida pela lei e num tratamento diferenciado permite que o Presidente seja eleito pelos membros titulares da CIPA (representantes dos empregados e do empregador), a ele se estende a garantia de emprego, conforme deixa antever decisão do TST:

## Jurisprudência

*Ementa: Garantia de emprego. CIPA. Representante dos empregados. Presidente.* 1. O art. 10, inciso II, alínea "a", do ADCT, assegura a garantia no emprego do empregado eleito para o cargo de direção de Comissão Interna de Prevenção de Acidente desde o registro de sua candidatura até um ano após o término de seu mandato. 2. A garantia consubstanciada no aludido dispositivo traduz a intenção do legislador constituinte de proteger o empregado no momento em que, eleito para integrar a CIPA, passa a defender os interesses dos empregados na exigência de medidas preventivas de acidentes. 3. Em princípio, o Presidente da CIPA, designado pelo empregador (CLT, art. 164, § 1º), não se beneficia de estabilidade, precisamente porque dela não necessita. Entretanto, o empregado eleito representante titular dos empregados junto à CIPA que, por conta de procedimento diferenciado, é eleito por todos os membros titulares desta para a posição de Presidente, mantém intacto o direito à garantia no emprego. Se o empregador abdica do direito de designar o Presidente, isso não implica correlata perda de estabilidade do empregado guindado a tal cargo porquanto ele continua sendo representante dos empregados no órgão. 4. Recurso de revista não conhecido. TST-RR-143.396/2004-900-02-00.8 – (Ac. 1ª ) – 2ª Reg. – Rel. Min. João Oreste Dalazen. DJU 11.4.06, p. 596.

**4. Perda de mandato por ausência às reuniões da CIPA.** Em razão da importância da CIPA, os empregados que dela participam são obrigados a compareceram nas reuniões designadas para tratarem de assuntos ligados à prevenção de acidentes de trabalho. Assim, aqueles que faltarem em mais de quatro reuniões ordinárias, sem justificativa plausível perderão o seu mandato e consequentemente a garantia de emprego, conforme previsão no item 5.30 da NR-5 da Portaria n. 3.214/78.

*Jurisprudência:*

*Ementa: Membro da CIPA. Perda do mandato pela ausência injustificada em mais de quatro reuniões ordinárias. Incompatibilidade com a garantia de emprego prevista na alínea "a" do inc. Ii do art. 10 do ADCT.* A vedação à dispensa arbitrária dos representantes dos empregados nas CIPAs (arts. 10, inc. II, alínea "a", do ADCT e 165 da CLT) tem por finalidade a garantia do exercício do mandato com independência. A ausência injustificada do representante dos empregados em mais de quatro reuniões ordinárias implica na perda do mandato, por aplicação do item 5.30 da NR-5 anexa à Portaria n. 3.214, de 8.6.1978, e, por conseqüência, a supressão do direito à garantia de emprego. TRT 12ª Reg. RO-V 03812-2005-016-12-00-0 – (Ac. 2ª T. 15655/06, 15.8.06) – Relª Juíza Marta Maria Villalba Fabre. DJSC 17.11.06, p. 74.

**5. Reintegração no emprego ou conversão do período de estabilidade em indenização.** Em primeiro lugar, é importante esclarecer que não há necessidade de inquérito judicial para a dispensa do empregado que representa os trabalhadores na CIPA. Conforme se verifica pelo artigo em análise os detentores da estabilidade de Cipeiro "poderão sofrer despedida arbitrária, entendendo-se como tal a que não se fundar em motivo disciplinar, técnico, econômico ou financeiro". Assim, despedido o empregado, membro da CIPA, ao empregador compete comprovar em juízo trabalhista as razões que ditaram a medida e se não forem aquelas mencionadas pela lei a conseqüência será a reintegração do trabalhador ou então a conversão da reintegração em indenização referente ao período de garantia de emprego. A matéria, no entanto, não é pacífica. Com efeito, a doutrina e jurisprudência trabalhistas têm se pautado em duas correntes; uma alicerçada no fato de que o empregado com mandato na CIPA não possui uma vantagem pessoal, mas uma garantia para a sua atividade (Súmula n. 339, II, primeira parte), eis que não pode sofrer despedida arbitrária, tanto que a renúncia ao cargo é vista com muita restrição pela doutrina e jurisprudência. Por essa ótica, quando despedido o empregado detentor da estabilidade, o pleito judicial deve buscar a sua reintegração no emprego de imediato, se possível, com pedido liminar, justamente para prestigiar o instituto da representação que não é uma vantagem pessoal, mas da categoria que o elegeu, mesmo porque a conversão do período de estabilidade em indenização é faculdade conferida ao juiz (art. 496, da CLT).

A outra corrente já admite o pedido de indenização sem o pleito de reintegração no emprego, porque normalmente quando ocorre a ação já está exaurido o período de garantia de emprego. O argumento para tal entendimento está alicerçado no fato de o ato do empregador ser também lesivo ao direito individual do trabalhador e por essa razão deve ser reparado. Por outro lado, se nada acontecesse a esta atitude arbitrária, o empregador ficaria livre para agir da forma que lhe aprouvesse, dependendo apenas da reação do trabalhador lesado. Esta corrente, por sinal, tem sido predominante na doutrina e na jurisprudência.

## Jurisprudência

*Ementa: CIPA. Garantia de emprego.* Após o término do mandato do cipeiro, não cabe pedido de reintegração, mas sim de indenização. A lei confere ao empregado prazo de dois anos para reclamar direitos trabalhistas depois da extinção do pacto laboral. Se o empregador sabia que não podia despedir o empregado portador de garantia de emprego e, ainda assim, ao arrepio da lei, o fez, deve arcar com as conseqüências, sendo irrelevante que o empregado somente tenha ajuizado a reclamação depois de exaurido o período em que estava protegido pela garantia de emprego. TRT 1ª Reg. Proc. 01571-2001-035-01-00-9 – (Ac. 5ª T.) – Rel. Des. Antonio Carlos Areal. DJRJ 13.6.05, p. 179.

*Ementa: Estabilidade provisória. Membro da CIPA.* O direito do empregado, em sendo detentor de estabilidade, é de ser reintegrado e não indenizado. A conversão de reintegração em indenização é faculdade do juiz, na hipótese de ser comprovada a incompatibilidade entre empregado e empregador (art. 496, CLT). O pedido, único, de indenização, não tem amparo legal, porque o empregado, como dito, não tem o direito de ser indenizado, e sim o de ser reintegrado. Nego provimento. TRT 18ª Reg. RO 00047-2006-131-18-00-5 – (Ac. 1ª T.) – Relª Des. Kathia Maria Bomtempo de Albuquerque. DJE n. 14.924, 22.1.07, p. 65.

*Ementa: Recurso de revista. Membro de CIPA – Reclamação ajuizada após exaurimento do período estabilitário.* Trata-se de hipótese de demissão injustificada de trabalhador membro da CIPA, durante o período estabilitário de que trata o art. 10, inciso II, "a", do ADCT, e cuja reclamação trabalhista foi ajuizada quando já esgotado seu mandato, ou seja, após o período em que estava respaldado pela garantia da estabilidade provisória no emprego. Insta ressaltar que, nessa circunstância, faz-se impossível a reintegração, tendo em vista já se ter esgotado o mandato do cipeiro. Igualmente, não há que se falar em pagamento de salário e indenização correspondentes, eis que tais verbas são devidas apenas em decorrência do seu efetivo exercício. Por outro lado, o direito à estabilidade no emprego, pelo exercício de atividades junto às CIPAS, não se reveste de natureza individual, mas, diz respeito a um grupo de trabalhadores, na medida em que visa proteger representante daqueles contra arbitrariedade do empregador. Recurso de revista conhecido e provido. TST-RR-65.862/2002-900-04-00.0 – (Ac. 2ª T.) – 4ª Reg. – Red. Desig. Min. José Simpliciano Fontes de F. Fernandes. DJU 7.12.06, p. 1.140.

*Ementa: Extinção parcial do estabelecimento. Membro da CIPA. Reintegração. Possibilidade.* Primeiramente, devemos ter em mente, apesar do empregador ter o poder diretivo do negócio empresarial este não é ilimitado devendo respeitar os direitos dos trabalhadores. *In casu,* inclusive, o direito a ser respeitado não pertence ao empregado eleito e sim à massa obreira que o elegeu para aquele *munus,* através da investidura no cargo de cipeiro. Assim, patente está que a empresa deve reintegrá-lo ainda que em outro setor, mesmo que em funções que não as suas, desde que sem prejuízos ao obreiro, pois, caso contrário, estaríamos fulminando aquele direito, frise-se, pertencente à categoria profissional que o elegeu. Recurso provido. TRT 15ª Reg. (Campinas/SP) RO 00072-2004-128-15-00-0 – (Ac. 6ª T. 8854/2005-PATR) – Rel. Juiz Flávio Nunes Campos. DJSP 11.3.05, p. 43.

*Ementa: Da garantia no emprego do membro da Cipa. Da indenização correspondente.* Os alegados motivos econômicos/financeiros, que poderiam afastar a garantia no emprego e, portanto, fundar a despedida do autor não restaram comprovados nos autos. Isto porque a documentação acostada pela própria recorrente demonstra que a demissão do autor e de vários outros empregados deu-se em decorrência de reestruturação da empresa, com a redução de quadro de pessoal. Além disso, em que pese a existência de concordata preventiva, a empresa adquiriu vários bens duráveis no período, conforme atestou a segunda testemunha inquirida nos autos, o que torna ainda mais frágil a tese defensiva. De outro lado, a alegação de que o autor foi compelido a deixar o emprego restou evidenciada nos autos. Com efeito, a ausência da assistência sindical e a posterior recusa da entidade de classe em homologar o distrato e a posterior homologação da rescisão perante o Ministério do Trabalho sem que constasse qualquer ressalva no sentido de que o trabalhador era membro da CIPA e que renunciava a direitos, são as mais fortes provas nesse sentido. Finalmente, a questionada demora no ajuizamento da ação não implica a renúncia da estabilidade provisória, porque a violação, pelo empregador, de norma constitucional que garante o emprego durante determinado período não pode ser convalidada por mero decurso do tempo. Recurso Ordinário a que se nega provimento. TRT 15ª Reg. (Campinas/SP) RO 00028-2003-126-15-00-7 – (Ac. 5ª T. 16783/2005-PATR) – Rel. Juiz João Alberto Alves Machado. DJSP 29.4.05, p. 76.

**6. Extinção da empresa.** Com a extinção do estabelecimento ou da empresa, extinta também fica a CIPA. Nesse caso, a jurisprudência predominante considera que o trabalhador não tem direito a indenização pertinente ao período de garantia de emprego, já que não pode existir representação sem mandato, tanto que há Súmula do TST, a de n. 339, II, com este entendimento. Existe, no entanto, decisões isoladas que entendem que, mesmo com a extinção do estabelecimento ou da empresa, é devida a conversão do período estabilitário em indenização, sob o fundamento de que a proteção, no caso, não estaria direcionada à função, mas ao empregado que aceitou a incumbência prevista em lei.

## Jurisprudência

> TST, Súmula n. 339, II – "A estabilidade provisória do cipeiro não constitui vantagem pessoal, mas garantia para as atividades dos membros da CIPA, que somente tem razão de ser quando em atividade a empresa. Extinto o estabelecimento, não se verifica a despedida arbitrária, sendo impossível a reintegração e indevida a indenização do período estabilitário. (ex-OJ n. 329 – DJ 9.12.2003)

> Ementa: CIPA. Extinção. Estabilidade. O art. 10,II, "a", do Ato das Disposições Constitucionais Transitórias (ADCT) confere ao membro da CIPA a estabilidade até um ano após findo o mandato. Dessa forma, entendo que se a extinção da CIPA pela empresa acarretou a extinção do mandato conferido ao reclamante, a partir desse momento passou ele a ser titular do direito, independentemente do efetivo exercício de suas funções na CIPA. A proteção, no particular, não estaria mais direcionada à função, mas ao empregado que aceitou desempenhá-la. Logo, dispensado o autor quando gozava daquela garantia de emprego, faz jus ao pagamento da indenização relativa ao período estabilitário. Recurso conhecido e provido. TRT 10ª Reg. RO 00822-2004-002-10-00-0 – (Ac. 2ª T./05) – Red. Juiz Mário Macedo Fernandes Caron. DJU3 15.4.05, p. 16.

**7. Extinção parcial das atividades do estabelecimento ou da empresa.** É possível a extinção parcial das atividades do estabelecimento ou da empresa, hipótese em que se compreende a continuidade do empreendimento empresarial, ainda que em menor escala ou mesmo em outra atividade. Em tais situações, o entendimento prevalente é no sentido de que o membro da CIPA continua com o seu mandato, dada a existência de trabalhadores remanescentes e com isso propiciando o exercício das suas funções em relação a eles, mesmo que pertencentes a setores diversos do detentor da estabilidade.

## Jurisprudência

> Ementa: Membro da CIPA. Extinção parcial das atividades da empresa. Dispensa ilegal. Não encontra amparo legal a dispensa imotivada de membro eleito da CIPA, titular de estabilidade provisória no emprego (art. 10, II, a, do ADCT da Constituição Federal), sob o argumento de extinção das atividades industriais, se a empresa não provou que o parque industrial constituía o único *locus* da atividade econômica por ela explorada e confessou expressamente ter mantido em funcionamento suas atividades comerciais, departamentos administrativos, diretorias e depósitos, junto aos quais o reclamante poderia ter continuado a exercer seus misteres e cumprir o relevante munus representativo junto à comissão interna de prevenção de acidentes. Recurso provido para acolher o pedido de

reintegração e conseqüentes. TRT 2ª Reg. RO 02325200301602002 – (Ac. 4ª T. 20060159582) – Rel. Juiz Ricardo Artur Costa e Trigueiros. DJSP 24.3.06, p. 110.

*Ementa: Garantia de emprego. Membro da CIPA. Extinção parcial das atividades da empregadora.* Conforme jurisprudência dominante, expressa na OJ n. 329 da SDI-1/TST, a extinção do estabelecimento do empregador, inviabilizando a própria ação fiscalizatória e educativa do dirigente da CIPA, constitui motivo hábil para fundamentar a dispensa desse representante trabalhista. Todavia tal entendimento não se aplica na hipótese em que a empresa mantém em funcionamento parte de sua atividade produtiva, pois nesse caso não se acha configurada a relevância necessária à cessação do contrato de trabalho do cipeiro, porquanto há ainda campo para o exercício do mandato perante os obreiros remanescentes, mesmo que em setor diverso daquele em que o autor laborava. TRT 3ª Reg. RO 00014-2006-145-03-00-0 – (Ac. 1ª T.) – Rel. Juiz Mauricio J. Godinho Delgado. DJMG 9.6.06, p. 4.

*Ementa: Estabilidade. Membro da CIPA. Extinção do setor de trabalho e não do estabelecimento. Cancelamento da CIPA.* Comprovada apenas a extinção do setor de trabalho do empregado detentor de estabilidade pela CIPA. A empresa continuou a operar na mesma localidade. Devido o reconhecimento da estabilidade até o momento do cancelamento da CIPA, documentalmente comprovado por documento emitido pela Delegacia Regional do Trabalho no Estado do Paraná. TRT 9ª Reg. Proc. 00839-2002-670-09-00-9 – (Ac. 4ª T. 27244/04) – Rel. Juiz Sergio Murilo Rodrigues Lemos. DJPR 3.12.04, p. 460.

*Ementa: Cipeiro. Estabilidade. Extinção de setor.* I – O único aresto trazido para o confronto desserve a comprovar o conflito jurisprudencial, porque não indica a fonte de publicação, conforme exige a Súmula n. 337 do TST. II – A tese da decisão recorrida não viola a literalidade do art. 10, II, "a", do ADCT, pois este artigo não faz referência à persistência da estabilidade na hipótese de extinção de estabelecimento ou de setor da empresa. *Recurso não conhecido. Horas extras.* I – O recurso de revista, em face de sua natureza extraordinária, tem lugar apenas nas hipóteses do art. 896 da CLT. II – Recurso não conhecido, por desfundamentado. *Honorários Advocatícios.* I – Prejudicada a análise. TST-RR-223/2002-022-01-00.9 – (Ac. 4ª T.) – 1ª Reg. – Rel. Min. Antônio José de Barros Levenhagen. DJU 24.11.06, p. 985.

**8. Encerramento de obra.** Tem sido admitida a dispensa de membro de CIPA em caso de encerramento de obra, cuja situação se equivale à extinção de estabelecimento, como bem deixa claro o disposto no item 5.46, da NR-5, da Portaria n. 3.214/78 "Quando se tratar de empreiteiras ou empresas prestadoras de serviços, considera estabelecimento, para fins da aplicação dessa NR, o local em que os empregados estiverem exercendo suas atividades".

## Jurisprudência

*Ementa: Suplente de CIPA. Estabilidade provisória. Encerramento da obra.* Encerrada a obra da reclamada onde o reclamante trabalhava, com a conseqüente baixa da CIPA ali constituída conforme previsão do item 5.1 da NR-05 da Portaria n. 3.214/78 do MTB, não há que se cogitar de dispensa arbitrária e, por conseguinte, de reintegração ou indenização do período estabilitário do membro da CIPA. Inteligência da Súmula n. 339, II, do TST que assim dispoe: II – A estabilidade provisória do cipeiro não constitui vantagem pessoal, mas garantia para as atividades dos membros da CIPA, que somente tem razão de ser quando em atividade a empresa. Extinto o estabelecimento, não se verifica a despedida arbitrária, sendo impossível a reintegração e indevida a indenização do período estabilitário. (ex-OJ n. 329 da SBDI-1 – DJ 9.12.2003). O encerramento da obra em questão, para efeitos na CIPA, equivale ao término do estabelecimento, pois o item 5.46 da NR-05 da Portaria n. 3.214/78 preceitua que: Quando se tratar de empreiteiras ou empresas prestadoras de serviços, considera-se estabelecimento, para fins de aplicação desta NR, o local em que os seus empregados estiverem exercendo suas atividades. E por local deve ser entendido a unidade colocada sob a fiscalização da comissão constituída e, não, uma certa unidade geopolítica. TRT 3ª Reg. RO 01234-2006-047-03-00-5 – (Ac. 2ª T.) – Rel. Juiz Convocado Paulo Mauricio R. Pires. DJMG 23.2.07, p. 19.

**9. Transação e renúncia.** Tanto a renúncia como a transação da garantia de emprego conferida ao membro da CIPA tem sido vista com muita restrição pela doutrina e jurisprudência, principalmente quando em vigor o contrato de trabalho. Existem decisões firmes no TST que considera a renúncia da estabilidade em si, no pleno exercício do cargo de cipeiro, inviável em qualquer circunstância. Entretanto, quer nos parecer, que ficando comprovado que a renúncia ao cargo pelo empregado se deu sem qualquer vício que macule o ato e sendo ele assistido pelo Sindicato da categoria a que pertence o obreiro há que prevalecer a eficácia do ato e da rescisão contratual. Ocorre que, a rigor, a entidade sindical jamais poderia homologar a rescisão contratual e se o fez sem nenhuma ressalva com o pagamento das verbas rescisórias é porque houve a concordância do trabalhador. Ademais, se o Sindicato faz a homologação e ressalva o pagamento da estabilidade provisória, no mínimo estará contribuindo para o desvirtuamento de um direito que deveria ser preservado a todo custo porque não é uma vantagem pessoal, mas da categoria, como deixa bem claro o disposto na Súmula n. 339, II, do TST. A jurisprudência selecionada como se observa tem sido predominante no entendimento da validade da renúncia ou mesmo da transação quando não comprovado a existência de vícios que maculem o respectivo ato.

## *Jurisprudência*

*Ementa: Recurso de revista. Estabilidade. Membro eleito da CIPA. Transação. Renúncia.* A estabilidade provisória do cipeiro, incontroversa nos autos, não constitui vantagem pessoal, mas garantia para as atividades dos membros eleitos da CIPA e, nessa medida, é insuscetível de renúncia ou transação. Destarte, a quitação geral do contrato de trabalho, mediante transação do direito à estabilidade provisória, ofende o art. 477, § 2º, da CLT, que a restringe às parcelas e valores expressamente consignados no termo rescisório, na esteira da OJ n. 270

da SDI-I do TST, analogicamente aplicada. Recurso de revista de que se conhece e a que se dá provimento. TST-RR-559.191/1999.3 – (Ac. 5ª T.) – 2ª Reg. – Relª Juíza Convocada Rosa Maria Weber Candiota da Rosa. DJU 5.5.06, p. 1070.

*Ementa: Agravo de instrumento. Recurso de revista. Dirigente de CIPA. Estabilidade provisória. Renúncia.* 1. O Tribunal Regional, valorando o conjunto fáticoprobatório, concluiu ser válido o ato por meio do qual, inexistente vício de consentimento, o reclamante renunciou à estabilidade provisória de cipeiro, em troca do pagamento de indenização, tendo sido a transação homologada pelo sindicato da categoria profissional, razão por que julgou improcedente o pedido. 2. Nesse contexto, não se configura a violação dos dispositivos de lei federal e da Constituição da República apontados, face às singularidades do caso concreto e da decisão proferida ao rés da prova produzida, cujo reexame não é admitido em sede de recurso de revista, nos termos da Súmula n. 126/TST. 3. A divergência jurisprudencial só se caracteriza quando as decisões partem das mesmas premissas e chegam a conclusões contrárias, nos termos da Súmula n. 296/TST, o que não se verifica, na espécie. Agravo de instrumento a que se nega provimento. TST-AIRR-719.368/2000.0 – (Ac. 5ª T.) – 2ª Reg. – Rel. Juiz Convocado Walmir Oliveira da Costa. DJU 1.12.06, p. 975.

*Ementa: Renúncia expressa do empregado à condição de cipeiro. Validade.* Havendo nos autos documento firmado pelo empregado pedindo desvinculação da CIPA e não havendo prova de que a assinatura no documento fora obtida por erro ou vício de consentimento, deve prevalecer, principalmente quando durante a homologação da rescisão contratual, nenhuma ressalva foi feita quanto à renúncia da condição de cipeiro. Recurso conhecido e não provido. TRT 10ª Reg. – RO 00508-2005-821-10-00-2 – (Ac. 1ª T./05) – Relª Juíza Cilene Ferreira Amaro Santos. DJU3 9.12.05, p. 53.

*Ementa: Estabilidade provisória. Membro de CIPA. Renúncia.* 1. O art. 10, inciso II, do Ato das Disposições Constitucionais Transitórias, ao outorgar estabilidade provisória ao "empregado eleito para cargo de direção de comissões internas de prevenção de acidentes, desde o registro de sua candidatura até um ano após o final de seu mandato", tem como escopo constituir proteção ao "cipeiro" contra represálias da empresa, por conta de eventual rigor na fiscalização do cumprimento das normas relativas à segurança do trabalho. 2. Daí resulta o caráter irrenunciável da estabilidade, porquanto esta é conferida enquanto garantia do desenvolvimento regular das atividades da Comissão Interna de Prevenção de Acidentes e não como vantagem pessoal e transacionável do trabalhador. 3. Cuida-se, portanto, de garantia que se concede antes à própria CIPA, que ao empregado membro da Comissão, por si mesmo. Depreende-se, assim, que a renúncia à estabilidade em si, no pleno exercício do cargo, revela-se inviável em qualquer circunstância, sendo vedada a dispensa sem justa causa, exceto na hipótese de extinção do estabelecimento, em que se esvazia o sentido da própria ação fiscalizatória e educativa do dirigente da CIPA. 4. Recurso de revista conhecido e provido para restabelecer a sentença de origem, no particular. TST-RR-783.716/ 2001.2 – (Ac. 1ª T.) – 4ª Reg. – Red. Desig. Min. João Oreste Dalazen. DJU 21.10.05, p. 563.

*Ementa: Estabilidade. Membro da CIPA. Renúncia de mandato.* O objetivo maior da proteção constitucional prevista no art. 10 do ADCT é sem dúvida resguardar a tranqüilidade do empregado que atua na defesa dos interesses e direitos de seus representados. Quando, portanto, o empregado renuncia a seu mandato, por certo deixa de ter direito à garantia concedida, ou seja, à estabilidade. Não teria sentido a concessão e/ou extensão da estabilidade àqueles que renunciam a seus mandatos, pois assim estaríamos perpetuando os direitos inerentes ao cargo de membro da CIPA no momento em que excluídos os deveres pela renúncia ao cargo. Destarte, se o detentor de mandato da CIPA a ele renuncia, por vontade própria, e sem a comprovação de existência de dolo ou coação, renuncia por inteiro aos direitos e deveres, o que quer dizer também à estabilidade inerente ao exercício do cargo. A estabilidade é conseqüência do mandato. Não havendo mais mandato não há falar em estabilidade. *Multa. Art. 538 do CPC.* O art. 538 do CPC determina que a multa seja calculada com base no valor da causa e não da condenação. Revista conhecida em parte e provida parcialmente. TST-RR-696.054/2000.6 – (Ac. 2ª T.) – 9ª Reg. – Rel. Min. José Luciano de Castilho Pereira. DJU 12.11.04, p. 776.

*Ementa: 1. Membro suplente de CIPA. Estabilidade. Renúncia.* A proteção contra a despedida arbitrária do integrante de CIPA foi alçada ao nível constitucional (art. 10, II, "a", do ADCT), e, por construção jurisprudencial estendida também aos membros suplentes consoante o Enunciado n. 339 da Súmula do col. TST. Verificada a eleição e a investidura do trabalhador no cargo em comento, a declaração de sua estabilidade no emprego pelo período de um ano após certame eletivo é medida que se impõe. O recebimento de verbas rescisórias sem resistência pelo detentor de estabilidade provisória não induz à renúncia da prerrogativa, porquanto não lhe retira o direito de postular a reparação de direitos eventualmente lesados perante o Judiciário. *2. Demissão imotivada. Estabilidade. Indenização.* A demora injustificada do trabalhador detentor de estabilidade provisória em buscar a reparação de seu direito lesado por ato ilegal e arbitrário do empregador, atenta contra o escopo finalístico da norma estabilitária, conferindo ao empregado apenas o direito ao pagamento de indenização relativa ao período compreendido entre a data de ajuizamento da ação e o término do prazo da estabilidade. 3. Recurso conhecido e provido parcialmente. TRT 10ª Reg. RO 00590-2004-002-10-00-0 – (Ac. 2ª T./05) – Rel. Juiz Brasilino Santos Ramos. DJU3 28.01.05, p. 35.

*Ementa: Pedido de demissão inválido. Membro da CIPA. Coação.* Livre vontade é a liberdade de expressar o seu querer, sem qualquer interferência externa maior. A prova testemunhal produzida deixa evidente que a autora, simples trabalhadora, foi pressionada pela ré a pedir demissão, e se mostrava indignada e injustiçada com a acusação sofrida repentinamente. Por se tratar de uma empregada com garantia de emprego (CIPA) a exigência do art. 477 Consolidado é maior, sendo necessária a prova cabal da efetiva vontade de deixar o emprego, fato que não restou demonstrado. TRT 17ª Reg. RO 00337.2004.001.17.00.2 – (Ac. 5264/ 2005) Rel. Juíza Wanda Lúcia Costa Leite França Decuzzi. DJES 4.7.05, p. 4745.

*Ementa: Estabilidade que sucede ao mandato de cipeiro. Renúncia. Assistência sindical. Recebimento das verbas rescisórias sem ressalvas. Validade.* Vencido o mandato do cipeiro ele é estável por mais um ano. Havendo renúncia da estabilidade, com a assistência do sindicato da categoria profissional e o pagamento de verbas rescisórias também com a referida assistência, sem nenhuma ressalva, não há como acolher alegação de coação, mormente quando a prova testemunhal é frágil. Recurso conhecido e provido para julgar improcedente os pedidos formulados. TRT 10ª Reg. RO 00179-2006-011-10-00-8 – (Ac. 1ª T./06) – Relª Juíza Cilene Ferreira Amaro Santos. DJU3 10.11.06, p. 6.

*Ementa: Obreiro que exercia mandato eletivo na CIPA. Renúncia de tal mandato pela via extrajudicial. Eficácia da renúncia.* Tendo sido superado o debate sobre vício de consentimento quanto ao ato de renúncia de obreiro a mandato eletivo na CIPA, não se pode negar a esta renúncia a eficácia jurídica própria dos atos praticados por agente capaz e com objeto lícito. Não há, no ordenamento jurídico, exigência de forma que tornasse obrigatória a chancela da renúncia pelo ente sindical ou pela autoridade administrativa do trabalho. Se é admissível, em tese, a renúncia até mesmo tácita a esta estabilidade, com ainda maior razão será admitida a renúncia expressa. Tal raciocínio é ainda mais sólido quando o obreiro já recebeu as verbas próprias da demissão imotivada (o que não é compatível com a garantia provisória de emprego) e quando ele sequer buscou a reintegração ao emprego em sua exordial, mesmo que, ao tempo da propositura da ação, a estabilidade invocada estivesse ainda alegadamente em curso. Precedentes: RO 00015-2002-020-10-00-8, ac. 3ª Turma, Juiz Relator: Bertholdo Satyro, julgado em 22.5.2002, publicado em 21.6.2002 e RO 00923-2003-020-10-00-2, ac. 3ª Turma, Juíza Relatora Márcia Mazoni Cúrcio Ribeiro, julgado em 18.2.2004, publicado em 5.3.2004. Recurso ordinário do autor conhecido em parte e desprovido. TRT 10ª Reg. RO 00153-2006-014-10-00-9 – (Ac. 3ª T./07) – Rel. Juiz Paulo Henrique Blair. DJU3 2.3.07, p. 37.

*Ementa: Renúncia à estabilidade assegurada por lei. Cipeiro. Impossibilidade.* A estabilidade assegurada ao reclamante está entre aqueles direitos que recebe o manto protetor da irrenunciabilidade porque garantida através do art. 10, inciso II do Ato das Disposições Constitucionais Transitórias, cuja interpretação encontra-se cristalizada na Súmula n. 339 do TST, e, por essa razão, qualquer ato visando afastar o instituto da estabilidade é declarado nulo de pleno direito, consoante disposições contida nos arts. 9º, 444 e 468 da CLT. Saliente-se que somente as condições pactuadas é que podem ser objeto de renúncia, aquelas asseguradas por lei, jamais. Nesse sentido, *Arnaldo Süssekind, in* "Instituições de Direito do

Trabalho", Volume 1, 21ª edição, LTr Editora, os. 209 e 210, ensina: "A renúncia, como já assinalamos é um ato jurídico unilateral, pelo qual o titular de um direito dele se despoja. Ela está sujeita, no campo de aplicação do Direito do Trabalho, a restrições que seriam incabíveis em outros ramos do Direito. A inderrogabilidade da maioria das normas de proteção ao trabalho visa a que os respectivos direitos beneficiem aqueles sobre os quais incidem. Essa imperatividade 'se dirige tanto contra a parte contrária, como a própria vontade do indivíduo portador do direito subjetivo em questão' (...). A renunciabilidade de direitos, em relação ao trabalhador, deve ser admitida apenas excepcionalmente, em face das condições especiais configuradas em cada caso concreto. (...) Portanto, são irrenunciáveis os direitos que a lei, as convenções coletivas, as sentenças normativas e as decisões administrativas conferem aos trabalhadores, salvo se a renúncia for admitida por norma constitucional ou legal ou se não acarretar uma desvantagem para o trabalhador ou um prejuízo à coletividade; são renunciáveis os direitos que constituem o conteúdo contratual da relação de emprego, nascidos do ajuste expresso ou tácito dos contratantes, quando não haja proibição legal, inexista vício de consentimento e não importe prejuízo ao empregado". TRT 15ª Reg. (Campinas/SP) RO 0867-2005-060-15-00-0 – (Ac. 53271/06-PATR, 5ª C.) – Rel. Juiz Lorival Ferreira dos Santos. DJSP 24.11.06, p. 38.

*Ementa: Estabilidade provisória. Empregado membro suplente da CIPA. Renúncia. Motivo relevante para a dispensa.* O membro, mesmo suplente, eleito pelos empregados, faz jus a estabilidade provisória, eis que o art. 10 "a" do ADCT, não faz qualquer distinção entre suplentes e titulares, encontrando-se a matéria pacificada ante a Orientação dada pelo Enunciado n. 339 do Colendo TST. Não há qualquer amparo legal o entendimento de que o recebimento das verbas rescisórias importa na renúncia a garantia constitucional. A existência de motivo relevante para dispensa do cipeiro, na forma do *caput* do art. 165 da CLT deve restar plenamente provada a teor do parágrafo único do mesmo dispositivo legal. TRT 1ª Reg. RO 2042-2001-013-01-00-5 – (Ac. 5ª T.) – Rel. Des. Agra Belmonte. DJRJ 29.7.05, p. 157.

*Ementa: Preliminar de nulidade.* As matérias suscitadas pela Reclamada em seus declaratórios foram devidamente apreciadas, isto é, a prestação jurisdicional buscada foi entregue de maneira plena. *Recurso de Embargos não conhecido. Membro titular da CIPA. Estabilidade provisória. Renúncia.* Não há como se presumir a renúncia do trabalhador a direitos trabalhistas somente porque este recebeu suas verbas rescisórias, quando detentor da garantia de emprego prevista no art. 10, inciso II, alínea a, do ADCT. Quando se trata de renúncia de direitos trabalhistas, é indispensável que não paire qualquer dúvida quanto à manifestação da vontade do trabalhador, *in casu*, ficou descaracterizada a renúncia no momento em que o Reclamante fez a ressalva no TRCT, com relação à indenização sobre a estabilidade como membro da CIPA. Recurso de Embargos não conhecido. TST-E-RR-484.207/1998.4 – (Ac. SBDI1) – 23ª Reg. – Rel. Min. Carlos Alberto Reis de Paula. DJU 10.6.05, p. 844.

**10. Prazo prescricional para reclamar.** A jurisprudência majoritária, inclusive do Tribunal Superior do Trabalho é no sentido de que, sendo proposta a ação dentro do prazo prescricional a que alude o art. 7º, XXIX, da CF, que não se consumou, o detentor da estabilidade de Cipeiro tem direito ao pagamento dos salários relativos ao período compreendido entre a demissão e o término da estabilidade. Cabe perquirir, no entanto, que em sendo a estabilidade associada à defesa dos interesses daqueles que elegeram o trabalhador para o cargo de cipeiro, o natural que é o pedido ocorra tão logo tenha ocorrido o ato lesivo, posição essa que tem adeptos, conforme se verifica na parte destinada à jurisprudência.

## Jurisprudência

*Ementa:* A garantia de emprego do representante dos empregados da CIPA, visa a proteger seu mandato, para o bom cumprimento de sua função. No caso de dispensa, o empregado deve buscar seu retorno imediato, propondo a ação judicial em prazo que viabilize sua reintegração. Não se trata de discutir o prazo legal para o ingresso da ação e sim o interesse no retorno ao trabalho e no cumprimento do mandato. A demora no ingresso da ação revela a intenção do empregado de receber salários do período de estabilidade sem o correspondente trabalho, desvirtuando a finalidade da garantia prevista para o representante dos trabalhadores em tão importante comissão. TRT 2ª Reg. RO 01122200206802007 – (Ac. 10ª T. 20060115879) – Rel. Juiz Pedro Carlos Sampaio Garcia. DJSP 21.3.06, p. 179.

*Ementa: CIPA. Estabilidade provisória. Prazo para interposição da ação.* A redação do art. 10, II, do ADCT, que concede garantia aos membros da CIPA, não condiciona a interposição da ação imediatamente após a ruptura do contrato. O fato de o empregado, detentor de estabilidade provisória, propor a Ação Trabalhista, buscando direitos decorrentes da disposição constitucional muito depois da rescisão contratual, não enseja a exclusão de seu direito. O prazo que deverá ser observado é aquele assegurado pelo art. 7º, XXIX, da Constituição Federal – dois anos após a extinção do contrato de trabalho. Revista conhecida e desprovida. TST-RR-779.744/2001.0 – (Ac. 2ª T.) – 2ª Reg. – Rel. Min. José Luciano de Castilho Pereira. DJU 10.2.06, p. 896.

*Ementa: Estabilidade provisória. Suplente da CIPA. Período estabilitário exaurido quando do ajuizamento da ação.* A despedida sem justa causa do Obreiro, indiscutivelmente detentor da garantia de emprego prevista no art. 10, II, do ADCT, acabou por ofender direito que compreende obrigação de não fazer e obrigação de dar relativa às vantagens pecuniárias correspondentes ao período estabilitário. Assim, ainda que o decurso do tempo até a propositura da Reclamação tenha implicado exaurimento da primeira obrigação, certamente não atingiu a segunda, porque a estabilidade provisória do acidentado abriga também um direito individual e, bem assim, porque as lesões a direito são sempre passíveis de indenização. Embargos não conhecidos. TST-E-ED-RR-6.307/1999-004-09-00.4 – (Ac. SBDI1) – 9ª Reg. – Rel. Min. José Luciano de Castilho Pereira. DJU 15.9.06, p. 1.046.

*Ementa: Estabilidade provisória. Membro da CIPA. Propositura da ação quando já exaurido o período de estabilidade . Irrelevância.* O fato de o empregado, detentor de estabilidade provisória, demorar a propor ação trabalhista, mas atento ao prazo prescricional, que não se consumou, não lhe retira o direito ao pagamento dos salários do período correspondente entre a demissão e o término da estabilidade. O art. 10, II, "a" , do ADCT não condiciona, em nenhum momento, o exercício do direito de ação dentro do prazo da estabilidade, como causa excludente de seus efeitos. Recurso de embargos conhecido e provido. TST-E-RR-452.723/1998.1 – (Ac. SBDI1) – Rel. Min. Milton de Moura França. DJU 20.10.06, p. 1037.

# SEÇÃO IV
# DO EQUIPAMENTO DE PROTEÇÃO INDIVIDUAL

**Art. 166** *A empresa é obrigada a fornecer aos empregados, gratuitamente, equipamento de proteção individual adequado ao risco e em perfeito estado de conservação e funcionamento, sempre que as medidas de ordem geral não ofereçam completa proteção contra os riscos de acidentes e danos à saúde dos empregados.*

Por esse dispositivo, a empresa se obriga a fornecer aos seus empregados, gratuitamente, equipamento de proteção individual adequado ao risco e em perfeito estado de conservação e funcionamento.

É importante notar para o parágrafo seguinte do mesmo dispositivo que é excludente do anterior, deixando claro que o fornecimento do EPI só deve ser feito "sempre que as medidas de ordem geral não ofereçam completa proteção contra os riscos de acidentes e danos à saúde dos empregados".

A entrega do EPI ao empregado deverá sempre ser precedida de registro, o mesmo sucedendo em caso de sua troca em decorrência do desgaste de uso ou por necessidade (mudança de sistema). Além disso deverá ser fiscalizado o seu uso de forma efetiva (a ausência de fiscalização poderá configurar perdão tácito), inclusive aplicando penalidade ao obreiro infrator, quando couber (art. 158, parágrafo único, da CLT), pois em caso de omissão ou negligência o empregador responderá pelos seus atos, na forma da lei, observada a respectiva tipicidade, conforme já ventilado no art. 157.

A ilação que se tira do disposto no art. 166 é a de que o EPI, normalmente simbolizado por um capacete, uma bota ou uma luva além de precários, não previne a ocorrência de acidentes ou danos à saúde, apenas atenua a gravidade de eventuais lesões.

O certo, contudo, é que a proteção mercê de medidas de ordem geral, tomadas para proteger coletivamente, é que devem prevalecer. O dispositivo legal declara claramente isto, ou seja, que o EPI só deve ser fornecido "sempre que medidas de ordem geral" não forem tomadas pelo empregador.

Como adverte *Edwar Abreu Gonçalves*, "é sabido que a obrigação maior do empregador, no âmbito da segurança e saúde do trabalho, é fornecer aos empregados um ambiente de trabalho saudável e seguro, ou seja, isento de riscos profissionais, de modo que, após o término da jornada de trabalho, possa o trabalhador retornar para sua casa fisicamente íntegro e sadio".[9]

A NR-06 dá o fundamento jurídico do EPI, como sendo aquele composto por vários dispositivos que o fabricante tenha associado contra um ou mais riscos que possam ocorrer simultaneamente e que sejam suscetíveis de ameaçar a segurança e a saúde do trabalhador. (NR 06.1.1)

O anexo da NR-06 traz a lista de EPIs.

Sobre essa matéria específica, não se pode deixar de mencionar a NR-09 que trata do Programa de Prevenção de Riscos Ambientais (PPRA), como medida obrigatória de sua elaboração e implementação, por parte de todos os empregadores e instituições que admitam trabalhadores como empregados, visando à preservação da saúde e de integridade dos trabalhadores, através da antecipação, reconhecimento e avaliação e conseqüente controle da ocorrência de riscos ambientais existentes ou que venham a existir no ambiente de trabalho, tendo em consideração a proteção do meio ambiente e dos recursos naturais.

Para essa NR-09, consideram-se riscos ambientais os agentes físicos, químicos e biológicos existentes nos ambientes de trabalho que, em função de sua natureza, concentração ou intensidade e tempo de exposição, são capazes de causar danos à saúde do trabalhador.

Agentes físicos são, por exemplo, o ruído, as vibrações, as pressões anormais, as temperaturas externas, as radiações ionizantes, as radiações não ionizantes, bem como o infra-som e o ultra-som.

Agentes químicos são, por exemplo, poeira em suas várias formas, fumos, névoas, neblinas, gases ou vapores e as que possam ser absorvidas pelo organismo pela pele ou pela ingestão.

Agentes biológicos são, por exemplo, as bactérias, os fungos, os bacilos, as parasitas, os vírus, os protozoários etc.

O certo é que os documentos do PPRA devem ser apresentados e discutidos na CIPA da empresa, de acordo com a NR-05, sendo sua cópia anexada ao livro de ata dessa comissão. (NR-09.2.2.1)

## *Jurisprudência*

> *TST, Súmula n. 289: Insalubridade. Adicional. Fornecimento do aparelho de proteção. Efeito.* O simples fornecimento do aparelho de proteção pelo empregador

---

(9) GONÇALVES, Edwar Abreu, in "Manual de Segurança e Saúde no Trabalho", 3ª ed., LTr, p. 183.

não o exime do pagamento do adicional de insalubridade. Cabe-lhe tomar as medidas que conduzam à diminuição ou eliminação da nocividade, entre as quais as relativas ao uso efetivo do equipamento pelo empregado. (Res. n. 22/1988, DJ 24.3.1988)

**Art. 167** *O equipamento de proteção só poderá ser posto à venda ou utilizado com a indicação do Certificado de Aprovação do Ministério do Trabalho.*

Dessa norma se extrai que o EPI somente poderá ser posto à venda ou utilizado com a indicação do Certificado de Aprovação do Ministério do Trabalho e Emprego.

Assim, todo o EPI deverá ter Certificado de Aprovação (CA) e a empresa fabricante também está obrigada a ter o Certificado de Registro de Fabricante (CRF), devidamente aprovados pela Fundacentro/Ministério do Trabalho e Emprego.

Importante destacar que os EPIs são agrupados segundo as partes do corpo que visam proteger.

Existem também os Equipamentos de Proteção Coletiva (EPC) que "atuam diretamente no controle das fontes geradoras de agentes agressores ao homem e ao meio ambiente, e, como tal, devem ser prioridade de qualquer profissional da área de segurança. São equipamentos para proteção em grupo e normalmente exigem, antes de serem instalados, mudanças em nível de projetos e/ou processos produtivos (máquinas e equipamentos). São também utilizados para o controle de riscos do ambiente em geral, por exemplo: exaustores, extintores de incêndio, paredes corta-fogo etc."[10]

## Jurisprudência

*Ementa: Adicional de insalubridade. Equipamentos de proteção individual. Ausência de certidão de aprovação de um deles.* Não obstante todos os esforços e precauções do reclamado com o fornecimento, treinamento e uso de equipamentos de proteção coletiva e individuais, o adicional de insalubridade é devido se um deles não for classificado como EPI à luz da legislação própria, que exige o certificado de aprovação. É que um único equipamento tido como inadequado é suficiente para expor o reclamante aos agentes biológicos nocivos à saúde, já que cada um tem a sua finalidade na tentativa de neutralizar a insalubridade. TRT 3ª Reg. RO 01341-2005-013-03-00-5 – (Ac. 1ª T.) – Relª Des. Deoclecia Amorelli Dias. DJMG 23.6.06, p. 8.

---

(10) BARCELOS, Mary Angela. *Ob. cit.*, p. 41.

# SEÇÃO V
## DAS MEDIDAS PREVENTIVAS DE MEDICINA DO TRABALHO

**Art. 168** *Será obrigatório exame médico, por conta do empregador, nas condições estabelecidas neste artigo e nas instruções complementares a serem expedidas pelo Ministério do Trabalho:* (Redação dada pela Lei n. 7.855, de 24.10.89, DOU 25.10.89)

I – a admissão; *(Redação dada pela Lei n. 7.855, de 24.10.89, DOU 25.10.89)*

II – na demissão; *(Redação dada pela Lei n. 7.855, de 24.10.89, DOU 25.10.89)*

III – periodicamente. *(Redação dada pela Lei n. 7.855, de 24.10.89, DOU 25.10.89)*

§ 1º – O Ministério do Trabalho baixará instruções relativas aos casos em que serão exigíveis exames: *(Redação dada pela Lei n. 7.855, de 24.10.89, DOU 25.10.89)*

a) por ocasião da demissão; *(Redação dada pela Lei n. 7.855, de 24.10.89, DOU 25.10.89)*

b) complementares. *(Redação dada pela Lei n. 7.855, de 24.10.89, DOU 25.10.89)*

§ 2º – Outros exames complementares poderão ser exigidos, a critério médico, para apuração da capacidade ou aptidão física e mental do empregado para a função que deva exercer. *(Redação dada pela Lei n. 7.855, de 24.10.89, DOU 25.10.89)*

§ 3º – O Ministério do Trabalho estabelecerá, de acordo com o risco da atividade e o tempo de exposição, a periodicidade dos exames médicos. *(Redação dada pela Lei n. 7.855, de 24.10.89, DOU 25.10.89)*

§ 4º – O empregador manterá, no estabelecimento, o material necessário à prestação de primeiros socorros médicos, de acordo com o risco da atividade. *(Redação dada pela Lei n. 7.855, de 24.10.89, DOU 25.10.89)*

§ 5º – O resultado dos exames médicos, inclusive o exame complementar, será comunicado ao trabalhador, observados os preceitos da ética médica. *(Redação dada pela Lei n. 7.855, de 24.10.89, DOU 25.10.89)*

Estatui esse art. 168, da CLT, a obrigatoriedade do empregador de proceder ao exame médico dos empregados, por sua conta, nas condições mencionadas nesse artigo e nas instruções complementares expedidas pelo Ministério do Trabalho e Emprego.

A rigor, tal exame médico, há de ser feito:

a) na admissão do emprego;

b) na demissão; e

c) periodicamente.

Para a demissão e exames complementares, a autoridade legal baixou o Programa de Controle Médico de Saúde Ocupacional, que corresponde a uma preocupação técnico-preventiva a ser observada pela empresa, com o objetivo de promover a saúde de todos os seus trabalhadores, sendo dispensadas de sua aplicação as empresas de risco 1 (um) ou 2 (dois) que possuam até 25 (vinte e cinco) empregados e as de riscos 3 (três) ou 4 (quatro), que possuam até 10 (dez) empregados. Tais índices podem ser objeto de negociação coletiva mediante laudo técnico do setor competente, com imposição, inclusive, pela DRT de médico-coordenador para solução de eventuais divergências.

A NR-07 estabelece as várias etapas que precisam ser observadas pelas empresas para a implantação do PCMSO, a saber:

*1)* Exame físico geral de todas as dependências do estabelecimento, com o propósito de identificar a existência, ou não, de riscos físicos, químicos, biológicos, mecânicos ou ergonômicos;

*2)* Estabelecer metas em conjunto com as CIPAS e com o SESMT, para implantação de medidas preventivas;

*3)* Executar campanhas educativas e de conscientização no tocante à higiene pessoal dos empregados (banhos diários, lavagem correta das mãos) e saúde (combate ao álcool, ao fumo, à hipertensão e ao "stress"), bem como às doenças ocupacionais (LER, DORT, Perda Auditiva etc).

*4)* Ações complementares tendo em vista a manutenção da saúde em geral, com a finalidade de detectar se há riscos presentes e se estão apresentando conseqüências à saúde.

Além desse Programa, há outros que não podem ser desconhecidos, por sua integração ao mesmo desiderato, qual seja, a saúde dos trabalhadores, como por exemplo, o PCMAT (Programa de Condições e Meio-Ambiente de Trabalho na Indústria da Construção); o PGRC (Programa de Gerenciamento de Riscos), esta com aplicação da Instrução Normativa SSST-MTB n. 1, de 11.4.94, para proteção respiratória; e Mapa de Riscos Ambientais, elaborado pelas CIPAS.

Há que se ressaltar que no que diz respeito, à avaliação médico-ocupacional dos trabalhadores, a NR-07 (PCMSO) faz as seguintes previsões:

*1)* exame médico admissional, que deve ser efetivado antes de o empregado começar a trabalhar, como uma condição indispensável para o trabalho contratado;

*2)* exame médico a ser feito no primeiro dia do retorno ao trabalho, se a ausência for determinada por doença ou acidente por período igual ou inferior a 30 dias;

*3)* exame médico a ser realizado quando houver mudança de função, antes que ela ocorra;

*4)* exame médico periódico, nas seguintes hipóteses:

Para os trabalhadores expostos a riscos ou situações que possam levar à doenças ocupacionais ou para os que sejam portadores de doenças crônicas:

*4.1.* anualmente ou a intervalos menores, a critério do médico do trabalho;

*4.2.* de conformidade com a periodicidade especificada ao Anexo 06: trabalhadores sob pressões hiperbáricas da NR-15 bem como atividades e operações insalubres.

Para os demais trabalhadores:

*4.3.* anualmente, para os trabalhadores menores de 18 anos e para os maiores de 45 anos;

*4.4.* bienalmente, para os trabalhadores entre 18 e 45 anos;

*4.5.* por ocasião da demissão (exame médico demissional), na data da homologação da rescisão do contrato de trabalho) desde que o último exame médico-ocupacional tenha sido realizado há mais de 135 dias para as empresas de grau de risco 1 e 2, ou há mais de 90 dias para as empresas de grau de risco 3 ou 4, na conformidade do que prevê o Quadro II da NR-4.

De notar-se, finalmente, que há casos em que o empregador se obriga a proceder a exames pós-demissionais, durante um período de trinta anos seguintes à ruptura contratual, observada a seguinte periodicidade:

*a)* trienalmente, para os trabalhos que tiveram um tempo de exposição de até 12 anos;

*b)* bienalmente, para os trabalhadores que tiveram um tempo de exposição entre 12 e 20 anos; e

*c)* anualmente, para trabalhadores com período de exposição superior a 20 anos.

Para tais controles, o médico que realizou o exame deverá emitir um Atestado de Saúde Ocupacional (ASO) em duas vias, a primeira a ser arquivada no local de trabalho para fins de fiscalização trabalhista e a segunda para ser entregue ao trabalhador.

Nesse grande tema dedicado à saúde, o art. 200, inciso VIII, do Título VIII, que trata da Ordem Social, dispõe:

> "Ao sistema único de saúde compete, além de outras atribuições, nos termos da lei:
> VIII – colaborar na proteção do meio-ambiente, nele compreendido o do trabalho".

Ambiente, no dizer de *J. J. Gomes Canotilho* é como um "mundo humanamente construído e conformado", consistente em tudo o que está presente na natureza, seja ou não decorrente da ação humana".[11]

O tema meio-ambiente, em sede Constitucional, vem tratado no inciso VI, do art. 170, cujo *caput* versa sobre a ordem econômica fundada na valorização do trabalho humano e na livre iniciativa, assim concebido:

> "VI – defesa do meio-ambiente, inclusive mediante tratamento diferenciado conforme o impacto ambiental dos produtos e serviços e de seus processos de elaboração e prestação".

---

(11) CANOTILHO, J. J. Gomes, *in* "Procedimento administrativo e defesa do ambiente", RLJ de 1993, Ano 123, p. 290, citada por Fábio de Assis F. Fernandes, *in Revista LTr*, 70-12, p. 1.462.

São, portanto, dois os requisitos essenciais que deverão ser considerados, quando a matéria for meio-ambiente: a valorização do trabalho humano (trabalhador mais saudável) e a livre-iniciativa (produção mais eficiente).

No Capítulo VI, da Carta Magna, o art. 225 e seus vários parágrafos, tratam especificamente do meio-ambiente, com a declaração de que "todos têm direito ao meio-ambiente ecologicamente equilibrado, bem de uso comum do povo e essencial à sadia qualidade de vida, impondo-se ao Poder Público e à coletividade o dever de defendê-lo e preservá-lo para as presentes e futuras gerações".

Para assegurar a efetividade desse direito, incumbe ao Poder Público, dentre outras medidas, segundo dispõe o citado art. 225 da CF/88.

> V – controlar a produção, a comercialização e o emprego de técnicas, métodos e substâncias que comportem risco para a vida, a qualidade de vida e meio-ambiente; e
>
> "Parágrafo 3º – As condutas e atividades consideradas lesivas ao meio-ambiente sujeitarão os infratores, pessoas físicas ou jurídicas, a sanções penais e administrativas, independentemente da obrigação de reparar os danos causados".

O Decreto n. 3.179/99 trata das sanções aplicáveis às condutas e atividades lesivas ao meio ambiente.

No trabalho, o meio-ambiente, tem íntima relação com a saúde, como se vê, até por conceituação dada pela Constituição.

A saúde, por sua vez, em termos constitucionais, é um direito de todos, e um dever do Estado... (art. 196)

Assim, qualquer dano à saúde conduz à responsabilidade civil objetiva, dando ensejo, também, isolada ou concorrentemente, ao Ministério Público do Trabalho para a ação civil pública. É o art. 129, inciso III, que declara como uma das funções institucionais do Ministério Público: "promover o inquérito civil e a ação civil pública, para proteção do patrimônio público e social do meio-ambiente e de outros interesses difusos e coletivos", estes direcionados também para os meta-individuais (difusos) e coletivos (de um grupo de trabalhadores).

Não se pode esquecer, ainda neste tema da proteção à saúde, que o dano moral pode estar presente, se a violação se der por dolo ou culpa, sempre da maneira objetiva.

Para o professor *Amauri Mascaro Nascimento*, meio-ambiente do trabalho é o complexo máquina-trabalho, considerando-se as edificações do estabelecimento, os Equipamentos de Proteção Individual, a iluminação, o conforto térmico, as instalações elétricas, condições de insalubridade e periculosidade, meios de prevenção à fadiga, outras medidas de proteção ao trabalho, jornada de trabalho, horas extras, intervalos, descansos, férias, movimentação, armazenagem e manuseio de materiais que formam o conjunto de condições do trabalho etc.[12]

---

(12) Nascimento, Amauri Mascaro, "A Defesa Processual do Meio-Ambiente do Trabalho: dano, prevenção e proteção jurídica". *Revista LTr*, São Paulo, n. 63, Maio de 1997, pp. 583/587.

A Convenção da OIT n. 155, de 22 artigos dedica-se à matéria, compondo o conjunto legislativo sobre o ambiente de trabalho, paralelamente ao disposto nos arts. 154 a 201, da CLT, complementados pelas Normas Regulamentadoras do Ministério do Trabalho e Emprego, bem como o que dispõe a Lei n. 8.080/90 (Lei Orgânica da Saúde).

Nesse importante tema de Segurança e Saúde do Trabalhador, não se pode deixar de tratar das questões atinentes não apenas à prevenção, como, sobretudo, às que se relacionam com os acidentes do trabalho e doenças profissionais a eles equiparados.

É tão grave a situação decorrente do número que não pára de crescer nos últimos anos, que a OIT houve por bem criar um Plano de ação com vistas à segurança e à saúde no trabalho, para aplicação global, por meio de resolução disponível no Portal da OIT, <http://www.oit.org> (documento 6B 288/3/1), conforme citação feita por *Sebastião Geraldo de Oliveira*, em artigo publicado na Revista LTr 70-12, p. 1.434.

Ainda, conforme citação do mesmo festejado autor e Juiz do Trabalho, na obra citada, "no dia 15 de junho de 2006, a OIT aprovou a Convenção n. 187, intitulada "Marco promocional para a segurança e saúde do trabalho", que tem como objetivo aprofundar as medidas de proteção, devendo o Estado-Membro que a ratificar instituir efetivamente uma cultura nacional de prevenção, de modo a promover, como prioridade máxima, a melhoria contínua da saúde e segurança no trabalho".

Como bem observa o jurista e Juiz *Sebastião Geraldo de Oliveira*, no artigo mencionado, "a primeira pesquisa a ser feita na apuração das causas do acidente do trabalho ou da doença profissional é verificar se a empresa cumpriria corretamente as normas regulamentadoras da Portaria n. 3.214/78. Uma vez constado qualquer descumprimento e que esse comportamento foi a causa do acidente, o empregador arcará com as indenizações pertinentes porque ficará caracterizada a culpa contra a *legalidade*".[13]

O art. 200, da CLT, que atribui competência reconhecida pelo Judiciário para estabelecer disposições complementares às normas estabelecidas neste Capítulo, tendo em vista as peculiaridades de cada setor ou atividade, e, em especial sobre medidas de proteção etc, na forma nele exposta. Tais normas têm a mesma eficácia jurídica da lei ordinária regulamentada por elas, devendo, pois ser cumpridas devidamente.

A competência para apreciar e julgar questões relacionadas com indenização por dano moral decorrente de acidentes de trabalho, após pronunciamentos do Supremo Tribunal Federal, passou a ser da Justiça do Trabalho, como prevê, igualmente, a Emenda Constitucional n. 45/04, ao dar nova redação de conteúdo ao art. 114, da CF/88.

Como decorre do conceito do empregador, como empresa individual ou coletiva, previsto no art. 2º da CLT, é ele quem assume os riscos da atividade econômica, quando admite, assalaria e dirige a prestação pessoal de serviços.

Tais riscos são os provenientes de acontecimentos futuros e prejudiciais, eis que assumidos quando operada a admissão do empregado, com toda a carga de responsabilidade objetiva em relação aos danos causados a terceiros por seus empregados, na

---

(13) Ltr. 70-12, p. 1.439.

execução dos contratos de trabalho, na forma do disposto nos arts. 932, III e 933 do Código Civil, de 2002, ainda que não haja culpa do empregador.[14]

Outro dispositivo do Código Civil vigente, que ratifica o princípio da responsabilidade civil do empregador, em caso de dano, é o art. 927, *caput*.[15]

A responsabilidade civil, na seara do contrato de trabalho, pode ser *subjetiva*, se o dano decorrer da inexecução de obrigação de qualquer das partes, e *objetiva* se decorrer do fato de haver o empregador assumido o risco específico (art. 927, parágrafo único), de dano ambiental (art. 225, parágrafo 3º, da CF), risco da atividade econômica (art. 2º, CLT) ou pelo prejuízo de terceiro causado por seu empregado (art. 932, III, CC).

A responsabilidade civil do empregador por acidente de trabalho via de regra é objetiva, mas poderá ser subjetiva quando a avaliação necessitar da prova do dolo ou culpa do empregador.

No que respeita aos danos resultantes dos acidentes do trabalho, eles ocorrem para com o Governo Federal, por meio do INSS, tais como: pagamento de benefícios previdenciários; custeio de despesas médico-hospitalares; custeio das despesas com a reabilitação profissional.

Para o empregador, há danos em razão do pagamento salarial do acidentado nos primeiros quinze dias; avarias nos equipamentos, máquinas ou ferramentas; paralisação de máquinas; reflexos negativos no ambiente de trabalho; reflexos negativos à boa imagem da empresa etc.

Contudo, a parte mais considerável pela ocorrência de acidentes do trabalho é, sem dúvida, o empregado, pelo sofrimento físico, dor ou lesão incapacitante, total ou parcial, temporária ou permanente; pelos reflexos psicológicos negativos decorrentes de seqüelas eventuais; pela redução financeira no orçamento familiar etc.

No tocante à responsabilidade do empregador, pode ela ser de natureza civil, de natureza previdenciária, de natureza penal ou de natureza administrativa.

Será civil a responsabilidade do empregador pelos atos ilícitos que cometer contra seus empregados, ficando obrigado a reparar pecuniariamente os danos materiais ou morais causados, na impossibilidade de restauração do estado anterior *(statu quo ante)*.

A responsabilidade civil do empregador pelos atos ilícitos que cometer contra seus empregados remete-nos ao disposto no art. 186 do Código Civil cuja redação é a seguinte:

> "Aquele que, por ação ou omissão voluntária, negligência ou imprudência, violar direito e causar dano a outrem, ainda que exclusivamente moral, comete ato ilícito".

---

(14) "Art. 932 – São também responsáveis pela reparação civil:
III – o empregador ou comitente, por seus empregados, serviçais e prepostos, no exercício do trabalho que lhes competir, ou em razão dele;"
"Art. 933 – As pessoas indicadas nos incisos I a V do artigo antecedente, ainda que não haja culpa de sua parte, responderão pelos atos praticados pelos terceiros ali referidos".
(15) "Art. 927 – Aquele que, por ato ilícito (arts. 186 e 187), causar dano a outrem, fica obrigado a repará-lo."
Parágrafo único. Haverá obrigação de reparar dano, independentemente de culpa, nos casos especificados em lei, ou quando a atividade normalmente desenvolvida pelo autor do dano implicar, por sua natureza, risco para os direitos de outrem.

Como vimos, o art. 157, da CLT, conferiu às empresas o dever de cumprir e fazer cumprir as normas de segurança e medicina do trabalho, devendo tomar todas as providências nelas previstas.

Assim, se por negligência ou imprudência dela ou de seus prepostos (art. 932, III, do Código Civil) houver dano a seus empregados, haverá ato ilícito causador de reparação material e moral, conforme unanimidade de entendimento da doutrina e da jurisprudência.

Em se tratando de dano moral, muita discussão existe a respeito, quase toda ela no sentido da responsabilidade civil do empregador, a partir do conceito do ato ilícito.

Será previdenciária a responsabilidade de arcar com os ônus dos acidentes do trabalho ou doenças profissionais, com fundamento na obrigação da empresa de adotar e utilizar as medidas coletivas e individuais de proteção e segurança da saúde do trabalhador, e, também, nos casos de negligência quanto às normas preventivas previstas na legislação.

Será de natureza penal a responsabilidade do empregador, bem como de seus prepostos e profissionais de segurança e saúde do trabalho, sempre que se caracterizar o dolo ou culpa de cada um dele na ocorrência do acidente do trabalho.

Em situação de normalidade, toda e qualquer empresa, deve ter preservado de maneira eficaz e eficiente a saúde de seus empregados, com a adoção de todas as medidas previstas pelo ordenamento jurídico.

Caso o empregador ou seus prepostos, não atentarem para a adoção das medidas adequadas, inclusive e sobretudo, as que digam respeito à prevenção de acidentes, seja pelo fornecimento e fiscalização do uso de EPIs, seja pela observância de outras normas pertinentes, poderá resultar na ocorrência administrativa pela autoridade competente, ou, no caso de evento lesivo, a ocorrência punitiva criminalmente.

No caso, até a situação de perigo criada por empregado (exemplo: fósforo aceso em local proibido, de armazenamento de líquido inflamável), pode gerar, para o empregador, o disposto no art. 132, do Código Penal combinado com o art. 932, III, do Código Civil.

Será de natureza administrativa a responsabilidade imposta ao empregador, pelos danos causados pela prática de atos ilícitos, em razão da não observância das normas legais, por negligência, imperícia ou imprudência. Esse tipo de responsabilidade geralmente se dá concomitantemente com a civil.

Será administrativa, ainda, a responsabilidade do Auditor-Fiscal do Trabalho em face do exercício da fiscalização trabalhista (Lei n. 8.112/90, arts. 121 e seguintes).

## Jurisprudência

*Ementa: Acidente de Trabalho – Indenização por danos morais. Prova.* Faz jus à indenização reparatória de dano moral o empregado que, para desempenhar, por ordem do empregador, outra tarefa não afeta àquela para a qual foi contratado, é vitimado por acidente de trabalho, para o qual a imprevisibilidade do momento em que subitamente deverá interromper suas atividades normais (mecânico) para o exercício da atividade estranha ao objeto do contrato de trabalho (telefonista) concorreu como elemento perturbador de sua atençao e concentração no exercício das primeiras, expondo-o à situação de risco e a perigos adicionais. *In casu,* presume-se a culpa (*in contrahendo* e *in vigilando*) do empregador, sobretudo quando o exercício das tarefas concernentes ao objeto do contrato de trabalho importa em labor em condições de perigo e risco específicos, como no caso do mecânico que labora em valas para acesso à parte inferior do veículo em manutenção. Ao acometer ao empregado função que lhe retira a atenção e concentração necessárias ao exercício de tarefas, o empregador de causa à instalação de situação agravante de risco a que normalmente estava exposto, ensejando o direito ao pagamento de indenização reparatória pelo infortúnio do qual resultou "perda auditiva neurosensorial severa em ouvido direito, irreversível" em seqüência a "traumatismo (do) crânio incefálico". TRT 3ª Reg. RO 00317-2005-038-03-00-5 – (Ac. 3ª T.) – Rel. Juiz Antonio Gomes de Vasconcelos. DJMG 7.9.06, p.7 (Suplemento de Jurisprudência – LTr 43/2006, p. 339.)

*Ementa: Acidente de trabalho. Ausência de fiscalização e treinamento. Indenização.* Nas hipóteses de acidente de trabalho, a culpa do empregador resta caracterizada quando não forem observadas as normas legais, convencionais, contratuais ou técnicas de segurança, higiene e saúde no trabalho. É dever legal da empresa, por seus proprietários, gerentes e prepostos, orientar o empregado quanto ao equipamento utilizado na prestação laboral e aos riscos da operação, informando-o a respeito das precauções a tomar, no sentido de evitar acidentes. Trata-se de garantia constitucional de proteção ao trabalhador (art. 7º, XXII). Quando o empregador permite o uso de máquina guilhotina por trabalhador não habilitado para operá-la, deixa de cumprir o seu poder-dever de fiscalização e, omissivamente, pratica ato lesivo ao Autor, devendo, portanto, indenizá-lo dos danos morais sofridos em decorrência do acidente de trabalho ocorrido. TRT 9ª Reg. RIND 99509-2005-658-09-00-1 – (Ac. 1ª T. 21908/06) – Rel. Juiz Ubirajara Carlos Mendes. DJPR 28.7.06, p.693. (Suplemento de Jurisprudência LTr 38/2006, p. 299)

*Ementa: Programa de controle médico de saúde ocupacional. Objetivos. Registro amplo das avaliações periódicas dos trabalhadores. Fiscalização do Ministério do Trabalho. Infração. Multa.* Visando alcançar um diagnóstico abrangente acerca das repercussões das atividades profissionais sobre o organismo do trabalhador, o item 7.4.6.1., da NR-07, do MTE, estabelece que o relatório anual do Programa de Controle Médico de Saúde Ocupacional "deverá discriminar, por setores da empresa, o número e a natureza dos exames médicos, incluindo avaliações clínicas e exames complementares, estatísticas de resultados considerados anormais (...)" (grifei). Não bastam os registros das avaliações médicas diretamente ligadas aos riscos próprios de uma determinada atividade funcional; é imprescindível ficar consignado, também, todo e qualquer dado apurado pelo médico examinador, inclusive os resultados de exames complementares por si eventualmente indicados (cf. art. 168, parágrafo 2º, da CLT). Tal amplitude justifica-se exatamente em face do caráter eminentemente prevencionista do Programa de Controle; mais dados trazidos a cotejo são elementos que somam na busca por um perfil médico-ocupacional próximo ao ideal, em que os potenciais fatores deletérios são cercados e mantidos à distância do trabalhador, atendendo ao traçado do art. 7º, XXII, da CF. Verificado pelo i. Fiscal do Trabalho que a empresa-fiscalizada desatendeu a estes preceitos, lançando no PCMSO somente as avaliações médicas básicas ligadas aos riscos inerentes do setor de trabalho, a autuação administrativa se dá com o apoio irrestrito do art. 628, *caput*, da CLT. TRT 3ª Reg. RO 00003-2006-034-03-00-8 – (Ac. 1ª T.) – Relª Des. Deoclecia Amorelli Dias. DJMG 2.2.07, p. 2.

*Ementa: Inobservância de normas de segurança e medicina do trabalho. Multa administrativa.* A NR 7 da Portaria n. 3.214/78 do Ministério do Trabalho e Emprego – que estabelece a obrigatoriedade de elaboração e implementação a todos os empregados e instituições que admitam trabalhadores como empregados de Controle Médico de Saúde Ocupacional (PCMSO) com o objetivo de promoção e preservação da saúde do conjunto de seus trabalhadores –, em seu item 7.4.4.3, determina que o Atestado de Saúde Ocupacional contenha, dentre outros requisitos, a definição de apto ou inapto para a função específica que o trabalhador vai exercer, exerce ou exerceu (alínea e). Portanto, verificada a inobservância dessa norma, é válida a lavratura do auto de infração, pois, a teor do art. 156 da CLT, compete especialmente às Delegacias Regionais do Trabalho promover a fiscalização do cumprimento das normas de segurança e medicina do trabalho (inciso I) e impor as penalidades cabíveis, nos termos do inciso III. TRT 3ª Reg AP 00664-2006-129-03-00-6 – (Ac. 1ª T.) – Relª Juíza Adriana Goulart de Sena. DJMG 28.7.06, p. 6.

**Art. 169** *Será obrigatória a notificação das doenças profissionais e das produzidas em virtude de condições especiais de trabalho, comprovadas ou objeto de suspeita, de conformidade com as instruções expedidas pelo Ministério do Trabalho.*

As doenças profissionais e as produzidas em razão de condições especiais de trabalho, deverão ser obrigatoriamente notificadas, se comprovadas ou mesmo objeto de suspeita, na forma do estabelecido pelo Ministério do Trabalho e Emprego.

Objetivo da comunicação prevista no artigo supracitado é da mais alta importância para o Poder Público a fim de que sejam tomadas providências não só preventivas, mas também propiciando meios para se evitar as doenças ou então amenizá-las.

Com a Emenda Constitucional n. 45/04, a Justiça do Trabalho passou a ser competente para apreciação das demandas com pedido de indenização por dano moral decorrente de acidente de trabalho ou a ele equiparado. Como se sabe a doença profissional ou ocupacional é equiparado ao acidente do trabalho (art. 20, I, da Lei n. 8.213/91).

A mudança de competência tem acarretado uma quebra na cadeia de comunicação, uma vez que na prática grande parte das ações reivindicando indenização por dano moral com base em doença profissional ou ocupacional são postuladas diretamente na Justiça do Trabalho, cuja perícia médica tem sido determinada pelo Juiz do Trabalho sem que a questão passe pelo INSS, que é o órgão tecnicamente competente para averiguação da existência ou não de doença profissional ou ocupacional (art. 337, do Decreto n. 3.048/99) e pela necessidade do devido acompanhamento médico. Esse acompanhamento médico deve ocorrer não só porque eventualmente o trabalhador pode receber benefício previdenciário em caso da perda parcial da sua capacidade ou então vir a ser aposentado por invalidez, se presentes os requisitos para tal.

A rigor, a perícia médica relacionada com a doença profissional ou ocupacional só seria possível pela Justiça do Trabalho em caso de trabalhador que não teve o seu registro como empregado. Fora disso deveria ser atestado pelo INSS, até porque é questão de segurança jurídica, conforme está explicitado pelo Relator no corpo do acórdão da seguinte decisão do TST:[16]

> *"Ementa: Dissídio coletivo de natureza econômica e revisional. Garantia de emprego. Portador de doença profissional ou ocupacional.* 1. Justa e razoável a manutenção de garantia de emprego ao portador de doença profissional ou ocupacional até a aposentadoria, com base em cláusula prevista em convenção coletiva celebrada anteriormente pelas mesmas partes. 2. O meio ambiente do trabalho seguro e saudável é direito humano fundamental do empregado, reconhecido na Constituição da República, bem como em normas internacionais de direito do trabalho que integram o ordenamento jurídico brasileiro (arts. 6º e 200, *caput* e inciso VIII, da Constituição Federal; Pacto Internacional sobre Direitos Econômicos, Sociais e Culturais das Nações Unidas, promulgado pelo Decreto n. 592/92, art. 12; e Convenção n. 155 da OIT, promulgada pelo Decreto n. 1.524/94). 3. A tônica da Constituição da República quanto à tutela da higidez física e mental do trabalhador reside na adoção de medidas preventivas, eliminando-se fatores de risco para acidentes e agentes causais de enfermidades (art. 7º, inciso XXII, da Constituição Federal). 4. Nesse sentido, recai sobre o empregador a responsabilidade primordial pelas medidas de higiene e segurança que obstem a ocorrência de doenças profissionais e acidentes no trabalho(art. 16 da Convenção n. 155 da OIT e art. 19, *caput* e parágrafos da Lei n. 8.213/91). 5. A cláusula social consolidada ao longo de vinte anos de negociação coletiva ostenta enorme relevância social ao prorrogar a estabilidade do acidentado até a aposentadoria, caindo como uma luva neste sistema jurídico de tutela da vida e da saúde do empregado. 6. Recurso Ordinário interposto pelos Sindicatos patronais Suscitados a que se dá parcial provimento, apenas para incluir na cláusula a exigência de que a doença profissional seja comprovada, exclusivamente, por atestado médico do INSS

---

(16) Diz o Ministro João Oreste Dalazen que "Apenas para aumentar a segurança jurídica, *reformo* parcialmente tão-somente para incluir na cláusula a exigência de que a doença profissional ou ocupacional seja comprovada, exclusivamente, por atestado médico do INSS que demonstre o nexo de causalidade e a incapacitação do empregado para o exercício da função que ocupava, mas não para outra atividade que seja compatível com o seu estado físico ou psíquico."

que demonstre o nexo de causalidade e a incapacitação do empregado para o exercício da função que ocupava, mas não para outra atividade compatível com o seu estado físico ou psíquico. TST-RODC-20.027/2004-000-02-00.0 – (Ac. SDC) – 2ª Reg. – Rel. Min. João Oreste Dalazen. DJU 18.8.06, p. 1.130.

Referida decisão demonstra que o argumento de que a perícia médica feita por determinação da Justiça do Trabalho e aquela realizada pelo INSS têm o mesmo valor, não pode ser encarada como uma verdade absoluta, até porque a primeira é objeto de prova para fins de apreciação judicial, e a outra decorre de lei (art. 337, do Decreto n. 3.048/99), em virtude dos vários efeitos que ela produz na órbita jurídica previdenciária (benefício previdenciário ou não, acompanhamento pela Previdência Social e eventualmente aposentadoria por invalidez), o que jamais seria alcançada pela primeira, porque quase sempre fica restrita à decisão judicial. A existência de decisões que consideram prevalente a perícia médica do INSS quando existente nos autos do processo trabalhista ou decisão judicial em ação indenizatória perante a Justiça Comum é a demonstração inequívoca da correção desse entendimento.

## Jurrisprudência

*Ementa: Doença profissional. Dano moral. Inexistência.* Havendo o INSS reconhecido a inexistência de doença profissional ou acidente de trabalho em perícia médica, embora esta conclusão possa ser contestada, tanto judicialmente, em ação promovida contra a autarquia, ou *incidenter tantum*, havendo a autora consentido no encerramento da instrução (declaração com eficácia preclusiva) e ainda, oferecido razões finais remissivas, deve ser rejeitado o pedido. TRT 12ª Reg. RO-V 03984-2005-037-12-00-4 – (Ac. 2ª T. 13918/06, 29.8.06).-. Rel. Juiz José Ernesto Manzi. DJSC 18.10.06, p. 55.

*Ementa: Indenização por danos morais e materiais. Doença não ocupacional. Reconhecimento pelo INSS.* A hérnia discal que acomete o trabalhador não pode ser considerada doença profissional para efeito de indenização por danos morais e materiais, porquanto a aposentadoria por invalidez reconhecida pelo INSS se deu por causa comum, sob o código 32. O laudo pericial realizado por perito do Juízo não tem o condão de alterar a conclusão do INSS, que detém a competência para dizer se a doença é equiparada ou não a acidente de trabalho. TRT 3ª Reg. RO 00433-2006-060-03-00-6 – (Ac. 6ª T.) – Relª Des. Emilia Facchini. DJMG 8.2.07, p. 18.

# SEÇÃO VI
## DAS EDIFICAÇÕES

**Art. 170** *As edificações deverão obedecer aos requisitos técnicos que garantam perfeita segurança aos que nelas trabalhem.*

Todas as edificações devem obedecer aos requisitos técnicos exigíveis na sua construção e de forma a proporcionar a perfeita segurança aos que nelas trabalhem. Estes requisitos técnicos mínimos são estabelecidos na NR-8, da Portaria n. 3.214/78, que trata das "Edificações". Por essa razão deve haver inspeção prévia pelo órgão competente (MTE) ou na ocorrência de modificações estruturais na construção, já que passível de interdição *(art. 160 e seguintes da CLT)*.

**Art. 171** *Os locais de trabalho deverão ter, no mínimo, 3 (três) metros de pé-direito, assim considerada a altura livre do piso ao teto.*

*Parágrafo único – Poderá ser reduzido esse mínimo desde que atendidas as condições de iluminação e conforto térmico compatíveis com a natureza do trabalho, sujeitando-se tal redução ao controle do órgão competente em matéria de segurança e medicina do trabalho.*

Na NR-8 (Edificações), da Portaria n. 3.214/78, constam as diretrizes traçadas pelos citados dispositivos. Destaque-se que os locais de trabalho devem ter a altura do piso ao teto, pé-direito, de acordo com as posturas municipais, atendidas as condições de conforto, segurança e salubridade (item 8.2.), sendo permitida a redução da medida, desde que atendidas as condições de iluminação e conforto térmico compatíveis com a natureza do trabalho (item 8.3) A questão ligada à circulação de pessoas e proteção contra as intempéries são também disciplinadas na NR-8.

**Art. 172** *Os pisos dos locais de trabalho não deverão apresentar saliências nem depressões que prejudiquem a circulação de pessoas ou a movimentação de materiais.*

Como já referido no artigo anterior, a NR-8, da Portaria n. 3.214/78, que trata das Edificações estabelece as regras pertinentes aos pisos nos locais de trabalho e a ela nos reportamos.

**Art. 173** *As aberturas nos pisos e paredes serão protegidas de forma que impeçam a queda de pessoas ou de objetos.*

O texto que consta do subitem 8.3.2 da NR-8 (Edificações), da Portaria n. 3.214/78 é o mesmo deste artigo. Na verdade, o que se pretende com a presente norma é o estabelecimento de um sistema de proteção nas aberturas nos pisos e paredes de forma a evitar quedas, escorregamento de pessoas ou objetos.

**Art. 174** *As paredes, escadas, rampas de acesso, passarelas, pisos, corredores, coberturas e passagens dos locais de trabalho deverão obedecer às condições de segurança e de higiene do trabalho estabelecidas pelo Ministério do Trabalho e manter-se em perfeito estado de conservação e limpeza.*

A leitura desses dispositivos não traz nenhuma maior preocupação, por serem técnicos e bem claros nas suas exposições. Ademais, na NR-8, da Portaria n. 3.214/78, que trata das Edificações, estão estabelecidas os requisitos necessários para o cumprimento do previsto neste dispositivo.

# SEÇÃO VII
# DA ILUMINAÇÃO

**Art. 175** *Em todos os locais de trabalho deverá haver iluminação adequada, natural ou artificial, apropriada à natureza da atividade.*

§ 1º – A iluminação deverá ser uniformemente distribuída, geral e difusa, a fim de evitar ofuscamento, reflexos incômodos, sombras e contrastes excessivos.

§ 2º – O Ministério do Trabalho estabelecerá os níveis mínimos de iluminamento a serem observados.

Não há nenhuma dúvida de que a iluminação adequada, natural ou artificial, apropriada à natureza da atividade, contribuirá em muito para o desenvolvimento da atividade do trabalhador. Como se sabe, todos nós nos servimos dos órgãos dos sentidos: visão, tato, audição, olfato e paladar, para o bem viver. Deles podemos afirmar que a visão tem algo a ver com todas as sensações que norteiam o que vimos e o que recolhemos no cotidiano, citando, como exemplo, a beleza da natureza. No trabalho, a visão está relacionada com uma boa iluminação. Daí porque assinala com propriedade *Russomano* que "A idéia de uma boa iluminação dos locais de trabalho através da difusão racional da luz e da medição do seu uso está vinculada, estreitamente, ao bom funcionamento do aparelho ocular. Mas esse não é, apenas, um princípio de proteção do trabalhador. É, igualmente, um modo de se melhorar sua produtividade. É absolutamente certo que, em boas condições de iluminamento, se torna mais fácil a realização perfeita das tarefas normais do trabalhador".[17]

---

(17) Comentários à Consolidação das Leis do Trabalho, 1997, 17ª ed., Rio de Janeiro: Forense, p. 273.

Importante salientar que a insalubridade por iluminamento deixou de ser caracterizada como fato de insalubridade a partir de 23.2.91, em face da Portaria n. 3.751/90, que revogou o Anexo n. 4, da NR-15, da Portaria n. 3.214/78. Atualmente, a questão do iluminamento é tratada na NR-17 (Ergonomia), subitens 17.5.3 a 17.5.3.5.

## SEÇÃO VIII
## DO CONFORTO TÉRMICO

**Art. 176** *Os locais de trabalho deverão ter ventilação natural, compatível com o serviço realizado.*

*Parágrafo único* – A ventilação artificial será obrigatória sempre que a natural não preencha as condições de conforto térmico.

Depreende-se pelo *caput* deste artigo que o termo ventilação é utilizado pela Consolidação das Leis do Trabalho para designação de arejamento do ar no ambiente de trabalho, de forma a proporcionar aos trabalhadores condições de trabalho compatíveis ao exercício da suas funções. Neste contexto, é importante que haja circulação de ar por meio de janelas abertas, ou quando não, por outros meios eletrônicos, sempre com o objetivo de evitar temperaturas altas ou umidade em excesso.

Como afirma *Russomano* "É sabido que o Brasil tem todos os climas. Desde o clima tropical do norte ao clima temperado, com sensíveis fugas para o frio, no extremo sul. É essencial, por isso evitar o calor ou o frio excessivo; impedir que o empregado sofra, no trabalho, os rigores desses excessos; obstar que ele encontre fortes contrastes de temperatura ao entrar e sair do estabelecimento ou do recinto de trabalho em que o frio ou o calor sejam acentuados pelas instalações da empresa".[18]

Por outro lado, a falta de conforto do meio ambiente do trabalho pode não só prejudicar a produção, como também comprometer a saúde do trabalhador e aumentar as possibilidades de acidentes ou de doenças ocasionados pelo cansaço ou outros fatores.

Já está comprovado que a produção de uma fábrica bem arejada e com ventilação melhora. Até os acidentes de trabalho muitas vezes tem relação com o aumento da temperatura ambiente. Por essa razão é que o Anexo n. 3, da NR-15, da Portaria n. 3.214/78, traça as diretrizes dos limites de tolerância para a exposição do calor e, a ela nos reportamos.

A disposição do parágrafo único diz o óbvio, porque se o trabalho é realizado em ambiente hostil à saúde no que se refere à ventilação, ao empregador se impõe a adoção de medidas ou equipamentos que tornem o local de trabalho adequado ao trabalho.

---

(18) Comentários à Consolidação das Leis do Trabalho, 1977, Vol. I, 17ª ed., Rio de Janeiro: Forense, pp. 273-274.

**Art. 177** *Se as condições de ambiente se tornarem desconfortáveis, em virtude de instalações geradoras de frio ou de calor, será obrigatório o uso de vestimenta adequada para o trabalho em tais condições ou de capelas, anteparos, paredes duplas, isolamento térmico e recursos similares, de forma que os empregados fiquem protegidos contra as radiações térmicas.*

Compreende-se pela citada norma que o legislador teve em mira a proteção do trabalhador que labora em ambientes desconfortáveis em que há alternância de temperatura, frio ou calor, constatável quando da entrada ou saída do estabelecimento ou recinto de trabalho. Assim, nestes ambientes de trabalho será obrigatório o uso de vestimenta adequada para dar o equilíbrio necessário para o bom desempenho do obreiro. Exemplo claro é o que ocorre nas câmaras frigoríficas onde o trabalho é realizado sob baixas temperaturas. Já nas fábricas de alumínio, de vidro, de ferro, o ambiente de trabalho se aquece com a elevação da temperatura. O Anexo n. 9, da NR-15, da Portaria n. 3.214/78, no que se refere ao elemento frio estabelece que "As atividades ou operações executadas no interior de câmaras frigoríficas, ou em locais que se apresentem situações liminares, que exponham o trabalhador ao frio, sem a proteção adequada, serão consideradas insalubres em decorrência de laudo de inspeção realizada no local de trabalho. De notar-se, também, que os trabalhadores que trabalham no interior das câmaras frigoríficas e os que movimentam mercadorias do ambiente quente ou normal para o frio e vice-versa, depois de uma hora e quarenta minutos de trabalho contínuo será assegurado um intervalo de vinte minutos para repouso, computado como trabalho efetivo (art. 253, da CLT). No tocante ao calor o Anexo n. 3, da mesma NR e Portaria trata dos limites de tolerância para a exposição ao calor e a forma como deve ser avaliada.

## Jurisprudência

*Ementa: Adicional de insalubridade. Fornecimento de EPI.* Comprovado o fornecimento de equipamento de proteção individual capaz de elidir os efeitos nocivos decorrentes da baixa temperatura existente no interior da câmara frigorífica, não há falar em adicional de insalubridade. *TST. Súmula n. 80. Insalubridade.* A eliminação da insalubridade mediante fornecimento de aparelhos protetores aprovados pelo órgão competente do Poder Executivo exclui a percepção do respectivo adicional. TRT 12ª Reg. RO-V 00141-2004-019-12-00-3 – (Ac. 2ª T. 10383/06, 6.6.06) – Rel. Juiz Amarildo Carlos de Lima. DJSC 3.8.06, p. 60.

**Art. 178** *As condições de conforto térmico dos locais de trabalho devem ser mantidas dentro dos limites fixados pelo Ministério do Trabalho.*

Não há duvida de que em sendo o local de trabalho bem arejado proporcionará ao trabalhador melhores condições de trabalho. Para que isso ocorra o Ministério do Trabalho e Emprego tem estabelecido por intermédio das suas normas regulamentadoras os limites razoáveis a serem observadas pelos empregadores no que concerne às condições de conforto térmico nos locais de trabalho.

# SEÇÃO IX
## DAS INSTALAÇÕES ELÉTRICAS

**Art. 179** *O Ministério do Trabalho disporá sobre as condições de segurança e as medidas especiais a serem observadas relativamente a instalações elétricas, em qualquer das fases de produção, transmissão, distribuição ou consumo de energia.*

Trata-se de uma disposição de suma importância já que voltada para os interesses da empresa e do empregado, este com mais ênfase, em face dos riscos inerentes da atividade ligada a instalações elétricas. Com efeito, as instalações elétricas quando bem feitas e aparelhadas de modo a prevenir contra choques elétricos, incêndio, estilhaços etc, contribuem para o não surgimento de acidente do trabalho. A NR-10, da Portaria n. 3214/78, com fundamento no mencionado artigo trata da Segurança em Instalações e Serviços em Eletricidade, com estabelecimento do objetivo e campo de aplicação da respectiva norma: Como objetivo "estabelece os requisitos e condições mínimas objetivando a implementação de medidas de controle e sistemas preventivos, de forma a garantir a segurança e a saúde dos trabalhadores que, direta ou indiretamente, interajam em instalações elétricas e serviços com eletricidade" (Subitem 10.1.1). Já, a sua aplicação ocorre "nas fases de geração, transmissão, distribuição e consumo, incluindo as etapas de projeto, construção, montagem, operação, manutenção das instalações elétricas e quaisquer trabalhos realizados nas suas proximidades, observando-se as normas oficiais estabelecidas pelos órgãos competentes e, na ausência ou omissão destas, as normas internacionais cabíveis"(Subitem 10.1.2).

**Art. 180** *Somente profissional qualificado poderá instalar, operar, inspecionar ou reparar instalações elétricas.*

A Norma Regulamentadora n. 10, da Portaria n. 3.214/78, já referida no artigo anterior ao tratar do seu objetivo e campo de aplicação também estabelece o que deve ser entendido como profissional qualificado, o legalmente qualificado e o capacitado. Assim, é "considerado trabalhador qualificado aquele que comprovar conclusão de curso específico na área elétrica reconhecido pelo Sistema Oficial de Ensino" (Subitem 10.8.01). O profissional legalmente habilitado é aquele "trabalhador previamente qualificado e com registro no competente conselho de classe"(Subitem 10.8.02). Por último, é "considerado trabalhador capacitado aquele que atenda às seguintes condições, simultaneamente: a) receba capacitação sob orientação e responsabilidade de profissional habilitado e autorizado; e b) trabalhe sob a responsabilidade de profissional habilitado e autorizado (Subitem 10.8.3). Importante salientar que "A capacitação só terá validade para a empresa que o capacitou e nas condições estabelecidas pelo profissional habilitado e autorizado responsável pela capacitação (Subitem 10.8.3.1). São considerados autorizados os trabalhadores qualificados ou capacitados e os profissionais habilitados, com anuência formal da empresa (Subitem 10.8.4), cabendo tambem "a empresa estabelecer sistema de identificação que permita a qualquer tempo conhecer a abrangência da autorização de cada trabalhador, conforme o item 10.8.4. (Subitem 10.8.5)".

**Art. 181** *Os que trabalharem em serviços de eletricidade ou instalações elétricas devem estar familiarizados com os métodos de socorro a acidentados por choque elétrico.*

Este último dispositivo da Seção IX, que dispõe sobre instalações elétricas, na forma da regulamentação feita pela NR-10, da Portaria n. 3.214/78, trata do óbvio, já que os trabalhadores que lidam com instalações elétricas e serviços de eletricidade devem ter noção não só dos riscos a que estão submetidos, mas também das medidas de socorro necessárias em caso de acidentes. E para dar respaldo a este dispositivo na referida norma regulamentadora está previsto que "os trabalhadores autorizados a intervir em instalações elétricas devem possuir treinamento específico sobre os riscos decorrentes do emprego da energia elétrica e as principais medidas de prevenção de acidentes em instalações elétricas, de acordo com o estabelecido no Anexo II desta NR. (Subitem 10.8.8). E mais que "A empresa concederá autorização na forma desta NR aos trabalhadores capacitados ou qualificados e aos profissionais habilitados que tenham participado com avaliação e aproveitamento satisfatórios dos cursos constantes do Anexo II desta NR"(Subitem 10.8.8.1). Destaque-se, também que "deve ser realizado um treinamento de reciclagem bienal e sempre que ocorrer alguma das situações a seguir: a) troca de função ou mudança de empresa; b) retorno de afastamento ao trabalho ou inatividade, por período superior a três meses: e c) modificações significativas nas instalações elétricas ou troca de métodos, processos e organização do trabalho". (Subitem 10.8.8.2). Finalmente, reportamo-nos a referida Norma Regulamentadora – NR-10, que trata de outras questões de suma importância para compreensão dessa matéria.

# SEÇÃO X
## DA MOVIMENTAÇÃO, ARMAZENAGEM E MANUSEIO DE MATERIAIS

**Art. 182** *O Ministério do Trabalho estabelecerá normas sobre:*

*I – as precauções de segurança na movimentação de materiais nos locais de trabalho, os equipamentos a serem obrigatoriamente utilizados e as condições especiais a que estão sujeitas a operação e a manutenção desses equipamentos, inclusive exigências de pessoal habilitado;*

*II – as exigências similares relativas ao manuseio e à armazenagem de materiais, inclusive quanto às condições de segurança e higiene relativas aos recipientes e locais de armazenagem e os equipamentos de proteção individual;*

*III – a obrigatoriedade de indicação de carga máxima permitida nos equipamentos de transporte, dos avisos de proibição de fumar e de advertência quanto à natureza perigosa ou nociva à saúde das substâncias em movimentação ou em depósito, bem como das recomendações de primeiros socorros e de atendimento médico e símbolo de perigo, segundo padronização internacional, nos rótulos dos materiais ou substâncias armazenados ou transportados.*

*Parágrafo único – As disposições relativas ao transporte de materiais aplicam-se, também, no que couber, ao transporte de pessoas nos locais de trabalho.*

As normas constantes deste dispositivo legal são por si só elucidativas já que confere ao Ministério do Trabalho e Emprego o estabelecimento de normas sobre as precauções de segurança nos locais do trabalho cujos serviços estão voltados ao transporte, movimentação, armazenagem e manuseio de materiais. A Norma Regulamentadora n. 11, da Portaria n. 3.214/78 que trata das Normas de Segurança para Operação de Elevadores, Guindastes, Transportadores Industriais e Máquinas Transportadores, dá cumprimento ao mencionado dispositivo legal ao estabelecer os requisitos de segurança a serem observados nos locais de trabalho em atividades de transporte, movimentação, armazenamento e manuseio de materiais, quer na forma mecânica, quer na manual, sempre com o objetivo de evitar acidentes do trabalho. As disposições relativas ao transporte de materiais aplicam-se, também, no que couber, ao transporte de pessoas nos locais de trabalho e nesse sentido dispõe o subitem 11.1.3.3 da NR-11 que "para os equipamentos destinados à movimentação do pessoal serão exigidos condições especiais de segurança.

### Jurisprudência

*TST, Precedente Normativo n. 71 – Empregado rural. Transporte. Condições de segurança. (positivo). (DJ 8.9.1992).* Quando fornecidos pelo empregador, os veículos destinados a transportar trabalhadores rurais deverão satisfazer as condições de segurança e comodidade, sendo proibido o carregamento de ferramentas soltas junto às pessoas conduzidas. (Ex-PN n. 112)

**Art. 183** *As pessoas que trabalharem na movimentação de materiais deverão estar familiarizadas com os métodos racionais de levantamento de cargas.*

Cumpre ao empregador estabelecer normas de segurança para as pessoas que trabalham com movimentação de materiais. Nessa conformidade se exige não só treinamento de segurança, mas também de pessoal habilitado e familiarizado com os métodos racionais no levantamento de cargas. A NR-11, da Portaria n. 3.214/78, disciplina a questão ao estabelecer normas sobre a atividade realizada de maneira contínua ou descontínua, no transporte manual, inclusive sobre o peso da carga suportado por um só trabalhador, compreendendo também o levantamento e sua deposição. Outros requisitos de segurança, sempre com o objetivo de evitar acidentes constam da referida Norma Regulamentadora e a ela reportamo-nos.

## SEÇÃO XI
## DAS MÁQUINAS E EQUIPAMENTOS

**Art. 184** *As máquinas e os equipamentos deverão ser dotados de dispositivos de partida e parada e outros que se fizerem necessários para a prevenção de acidentes do trabalho, especialmente quanto ao risco de acionamento acidental.*

*Parágrafo único – É proibida a fabricação, a importação, a venda, a locação e o uso de máquinas e equipamentos que não atendam ao disposto neste artigo.*

Existem máquinas e equipamentos que exigem muito cuidado no seu manuseio porque pode eventualmente ocorrer um acionamento acidental. À vista de ocorrência de acidentes do trabalho previu o legislador a necessidade das máquinas e equipamentos serem dotada de dispositivos de partida e parada. A NR-12, da Portaria n. 3.214/78 traça as diretrizes sobre as instalações de máquinas e equipamentos, inclusive sobre o dimensionamento de forma que o material, os trabalhadores e os transportadores mecanizados possam movimentar-se com segurança. Os espaços livres, distância mínimas entre máquinas e equipamentos e outras questões ligadas a matéria são tratadas na referida Norma Regulamentadora.

No que concerne ao disposto no parágrafo único, vale lembrar que a Lei n. 5.280, de 27.4.67 e o seu Decreto regulamentador n. 62.465/68, proíbem a importação de máquinas que não atendam as exigências previstas no *caput* do respectivo artigo.

Finalmente, a Convenção n. 119, da Organização Internacional do Trabalho – OIT, promulgada pelo Decreto n. 1.255, de 29.9.94, trata da proteção das máquinas.

**Art. 185** *Os reparos, limpeza e ajustes somente poderão ser executados com as máquinas paradas, salvo se o movimento for indispensável a realização do ajuste.*

O objetivo dessa norma, como está a indicar o seu texto é de preservar a integridade do trabalhador, de forma a evitar acidentes no trabalho.

**Art. 186** *O Ministério do Trabalho estabelecerá normas adicionais sobre proteção e medidas de segurança na operação de máquinas e equipamentos, especialmente quanto à proteção das partes móveis, distância entre estas, vias de acesso às máquinas e equipamentos de grandes dimensões, emprego de ferramentas, sua adequação e medidas de proteção exigidas quando motorizadas ou elétricas.*

*Russomano*, referindo-se aos arts. 184 a 186, afirma que "esses dispositivos contêm normas de duas naturezas: algumas dizem respeito à segurança do funcionamento das máquinas ou equipamentos; outras se referem à livre circulação dos trabalhadores no recinto da empresa, com redução, na medida do possível, de riscos para sua segurança física".[19] A Norma Regulamentora n. 12, da Portaria n. 3.214/78, cumpre essa finalidade, conforme análises feitas aos arts. 184 e 185 sendo que este artigo em análise confere ao Ministério do Trabalho e Emprego a possibilidade de estabelecimento de normas adicionais pertinentes às questões lá mencionadas.

## SEÇÃO XII
## DAS CALDEIRAS, FORNOS E RECIPIENTES SOB PRESSÃO

**Art. 187** *As caldeiras, equipamentos e recipientes em geral que operam sob pressão deverão dispor de válvulas e outros dispositivos de segurança, que evitem seja ultrapassada a pressão interna de trabalho compatível com a sua resistência.*

*Parágrafo único – O Ministério do Trabalho expedirá normas complementares quanto à segurança das caldeiras, fornos e recipientes sob pressão, especialmente quanto ao revestimento interno, à localização, à ventilação dos locais e outros meios de eliminação de gases ou vapores prejudiciais à saúde, e demais instalações ou equipamentos necessários à execução segura das tarefas de cada empregado.*

**Art. 188** *As caldeiras serão periodicamente submetidas a inspeções de segurança, por engenheiro ou empresa especializada, inscritos no Ministério do Trabalho, de conformidade com as instruções que, para esse fim, forem expedidas.*

---

(19) RUSSOMANO, Mozart Victor. Comentários à Consolidação das Leis do Trabalho, Vol. I, 1977, 17ª ed., Rio de Janeiro: Forense p. 276.

*§ 1º – Toda caldeira será acompanhada de "Prontuário", com documentação original do fabricante, abrangendo, no mínimo: especificação técnica, desenhos, detalhes, provas e testes realizados durante a fabricação e a montagem, características funcionais e a pressão máxima de trabalho permitida (PMTP), esta última indicada, em local visível, na própria caldeira.*

*§ 2º – O proprietário da caldeira deverá organizar, manter atualizado e apresentar, quando exigido pela autoridade competente, o Registro de Segurança, no qual serão anotadas, sistematicamente, as indicações das provas efetuadas, inspeções, reparos e quaisquer outras ocorrências.*

*§ 3º – Os projetos de instalação de caldeiras, fornos e recipientes sob pressão deverão ser submetidos à aprovação prévia do órgão regional competente em matéria de segurança do trabalho.*

Os arts. 187 e 188, da Seção XII, focalizam as Caldeiras, Fornos e Recipientes sob pressão, as quais foram objeto das NRs 13 e 14, da Portaria n. 3.214/78.

Compreende-se pelos dispositivos constantes deste artigo que o legislador procurou vincular não só à inspeção periódica das caldeiras por engenheiro ou empresa especializada, inscritos no Ministério do Trabalho e Emprego, mas também de um acompanhamento adequado que vai desde o início da instalação e permanecendo em todo o seu período de funcionamento, como se verifica pela necessidade de "Prontuário", na forma do § 1º; Registro de Segurança (indicações das provas efetuadas, inspeções, reparos e quaisquer outras ocorrências (§ 2º) e finalmente projetos de instalação, alteração ou reparos (§ 3º)

### *Jurisprudência*

*Ementa: Adicional de periculosidade não caracterizado. Manutenção de caldeira. Demonstrado que o manuseio de abastecimento dos tanques da caldeira era feito por painel de controle, que ficava acima dos 7,5 metros previstos no item 3 da NR 16, não há falar em periculosidade.* TRT 12ª Reg. RO-V 00009-2004-022-12-00-4 – (Ac. 2ª T. 02781/06, 24.1.06) – Relª Juíza Ione Ramos. DJSC 9.3.06, p. 284.

## SEÇÃO XIII
## DAS ATIVIDADES INSALUBRES OU PERIGOSAS

**Art. 189** Serão consideradas atividades ou operações insalubres aquelas que, por sua natureza, condições ou métodos de trabalho, exponham os empregados a agentes nocivos à saúde, acima dos limites de tolerância fixados em razão da natureza e da intensidade do agente e do tempo de exposição aos seus efeitos.

A CF/88, no art. 7º, inciso XXIII, atribui a todos os trabalhadores, urbanos e rurais, "adicional de remuneração para as atividades penosas, insalubres e perigosas, na forma da lei", que é a CLT, no art. 192 (para a insalubridade) e no art. 193 (para a periculosidade).

Este dispositivo esclarece o que é considerado atividade ou operação insalubre, como sendo aquela que, por sua natureza, condições ou métodos de trabalho, exponha os empregados a agentes nocivos à saúde, acima dos limites de tolerância que são fixados tendo em vista a natureza e a intensidade do agente bem como do tempo de exposição aos seus efeitos.

A leitura desse dispositivo leva-nos a detectar o que é considerado atividade ou operação insalubre, com observância básica dos limites de tolerância da natureza e da intensidade do agente nocivo, tendo em vista o tempo de exposição aos efeitos do aludido agente nocivo.

De notar-se que a exposição eventual aos efeitos nocivos dos agentes insalubres não dá ensejo ao adicional de insalubridade, mas se o trabalho é executado de forma intermitente é devido o adicional, cuja questão está pacificada na Súmula n. 47, do Colendo TST.

As atividades insalubres ou perigosas são tratadas nas Normas Regulamentadoras ns. 9, 15 e 16 da Portaria n. 3.214/78.

## *Jurisprudência*

TST, *Súmula n. 47*: O trabalho executado, em caráter intermitente, em condições insalubres, não afasta, só por essa circunstância, o direito à percepção do respectivo adicional.

**Art. 190** *O Ministério do Trabalho aprovará o quadro das atividades e operações insalubres e adotará normas sobre os critérios de caracterização da insalubridade, os limites de tolerância aos agentes agressivos, meios de proteção e o tempo máximo de exposição do empregado a esses agentes.*

*Parágrafo único – As normas referidas neste artigo incluirão medidas de proteção do organismo do trabalhador nas operações que produzem aerodispersóides tóxicos, irritantes, alergênicos ou incômodos.*

Esse artigo esclarece que cabe ao Ministério do Trabalho e Emprego aprovar o quadro das atividades e operações insalubres, o que, de acordo com o art. 200, são as constantes da NR-15, da Portaria n. 3.214/78. Nesta Portaria estão elencadas, em Anexos, todas as atividades consideradas insalubres pelo Ministério do Trabalho e Emprego, saber:

Anexo n. 1 – Limites de tolerância para ruído contínuo ou intermitente;

Anexo n. 2 – Limites de tolerância para ruídos de impacto;

Anexo n. 3 – Limites de tolerância para exposição ao calor;

Anexo n. 4 – Revogado pela Portaria n. 3.751, de 23.11.90;

Anexo n. 5 – Limites de tolerância para radiações ionizantes;

Anexo n. 6 – Trabalho sob condições hiperbáricas;

Anexo n. 7 – Radiações não ionizantes;

Anexo n. 8 – Vibrações;

Anexo n. 9 – Frio;

Anexo n. 10 – Umidade;

Anexo n. 11 – Agentes químicos cuja insalubridade é caracterizada por limite de tolerância e inspeção no local de trabalho;

Anexo n. 12 – Limites de tolerância para poeiras minerais;

Anexo n. 13 – Agentes químicos;

Anexo n. 14 – Agentes biológicos.

Para a caracterização de atividade insalubre é necessário que o elemento nocivo figure no respectivo quadro do Ministério do Trabalho e Emprego.

A inclusão de outros elementos no quadro dependerá sempre da classificação feita pelo Ministério do Trabalho e Emprego, por ser da sua competência. Nesse sentido as Súmulas ns. 194 e 460 do Supremo Tribunal Federal.

Importante destacar que a reclassificação ou descaracterização da insalubridade, por ato da autoridade competente repercute na satisfação do respectivo adicional, e não ofende a direito adquirido e nem ao princípio da irredutibilidade salarial (TST, Súmula n. 248). Ocorre que o adicional é devido enquanto estiver presente o elemento nocivo que é detectado através de perícia técnica.

Sob tal enfoque pode ocorrer de o Ministério Trabalho e Emprego fazer uma reclassificação do quadro de agentes insalubres e, nessa conformidade, o agente que até então era insalubre deixa de ser, e em decorrência disso o adicional torna-se indevido. Caso similar se verificou com o iluminamento no ambiente do trabalho. Pela Portaria n. 3.751/90, ficou descaracterizado a iluminação como agente insalubre com a revogação do Anexo n. 4, da NR-15 da Portaria n. 3.214/78. Com isso a partir de 23.2.91, deixou de ser devido o adicional de insalubridade com fundamento em iluminamento (TST, Orientação Jurisprudencial Transitória da SDI-I n. 57).

## *Jurisprudência*

*STF, Súmula n. 194.* É competente o Ministro do Trabalho para a especificação das atividades insalubres.

STF, Súmula n. 460. Para efeito do adicional de insalubridade, a perícia judicial, em reclamação trabalhista, não dispensa o enquadramento da atividade entre as insalubres, que é ato da competência do Ministério do Trabalho.

*TST, Súmula n. 248. Adicional de insalubridade. Direito adquirido.* A reclassificação ou a descaracterização da insalubridade, por ato da autoridade competente, repercute na satisfação do respectivo adicional, sem ofensa a direito adquirido ou ao princípio da irredutibilidade salarial. (Res. n. 17/1985, DJ 13.1.1986)

*TST-OJ-SDI-1, Transitória n. 57. Adicional de insalubridade. Deficiência de iluminamento. Limitação. (conversão da Orientação Jurisprudencial n. 153 da SBDI-1, DJ 20.4.2005).* Somente após 26.2.1991 foram, efetivamente, retiradas do mundo jurídico as normas ensejadoras do direito ao adicional de insalubridade por iluminamento insuficiente no local da prestação de serviço, como previsto na Portaria n. 3.751/1990 do Ministério do Trabalho. (ex-OJ n. 153 da SBDI-1 – inserida em 26.3.99)

*Ementa: Adicional de insalubridade. Deficiência de iluminamento.* Consoante disposto na Orientação Jurisprudencial Transitória n. 57 da SBDI-1, após 26.2.1991 foram, efetivamente, retiradas do mundo jurídico as normas ensejadoras do direito ao adicional de insalubridade por iluminamento insuficiente no local da prestação de serviço, como previsto na Portaria n. 3.751/90 do Ministério do Trabalho. Assim, sendo fato incontroverso que a relação de emprego teve início somente em 10.4.1991, após a revogação da norma, o deferimento do adicional de insalubridade por deficiência de iluminamento, no caso, viola o art. 5º, inc. II, da Constituição da República. Recurso de Embargos de que se conhece e a que se dá provimento. TST-E-RR-419.466/1998.0 – (Ac. SBDI1) – 4ª Reg. – Rel. Min. João Batista Brito Pereira. DJU 13.5.05, p. 546.

*Ementa: Adicional de insalubridade.* Da não existência de classificação do suposto agente insalubre na relação oficial do Ministério do Trabalho. A constatação da existência de insalubridade mediante elaboração de laudo pericial, não é suficiente para gerar o direito obreiro ao pagamento de adicional de insalubridade, quando o agente insalubre apontado não se encontrar elencado na relação oficial elaborada pelo Ministério do Trabalho, segundo o entendimento preconizado na Orientação Jurisprudencial n. 4 da SDI-1, do C. TST. *In casu*, o perito apontou como agente insalubre a poeira dos cereais (milho e soja), vez que o Autor não utilizava equipamentos de proteção individual (máscaras e protetores auditivos) ao recolher as amostras dos grãos de milho e soja para análise, estando, assim, sujeito a agentes químicos. No entanto, a poeira proveniente dos grãos de milho e soja, não se encontra elencada no Anexo 13 (agentes químicos) da NR 15, logo, não há como manter o r. julgado que deferiu ao Autor o pagamento do adicional de insalubridade. Recurso das Reclamadas a que se dá provimento. TRT 9ª Reg. Proc. 01204-2001-022-09-00-5 – (Ac. 1ª T. 27877/04) – Rel. Juiz Ubirajara Carlos Mendes. DJPR 03.12.04, p. 445.

*Ementa: Adicional de insalubridade. Documentos elucidativos. Art. 467, CPC. Prova pericial. Desnecessidade.* Considerando que a atividade desenvolvida pelo Recorrido na empresa sempre foi a mesma e que a própria Recorrente, durante a execução do contrato de emprego, reconheceu a existência de agente insalubre na atividade desenvolvida pelo trabalhador, nada mais justo do que deferir o pagamento do referido adicional de insalubridade aos meses anteriormente laborados, uma vez que mantidas as mesmas condições de trabalho. Destaque-se que a inexistência de prova pericial não constitui, no caso sub judice, motivo suficiente para o indeferimento do adicional de insalubridade, pois a caracterização e a classificação da insalubridade, segundo as normas do Ministério do Trabalho, far-se-ão através de perícia a cargo de Médico do Trabalho ou Engenheiro do Trabalho (art. 195, CLT) – requisito este atendido ao considerar que a Recorrente possuía consultoria e assessoria em segurança e medicina do trabalho, sob coordenação de Médico do Trabalho. Logo, desnecessária a produção de prova técnica, ainda mais considerando que, segundo preceitua o art. 427 do CPC, subsidiariamente aplicável ao processo trabalhista (art. 769, CLT) – o juiz pode dispensar prova pericial quando as partes, na inicial e na contestação, apresentarem sobre as questões de fato pareceres técnicos ou documentos elucidativos que considerar suficientes. TRT 9ª Reg. RO 01381-2004-662-09-00-2 – (Ac. 4ª T. 22294/05) – Rel. Juiz Luiz Celso Napp. DJPR 13.9.05, p. 403.

## Art. 191 *A eliminação ou a neutralização da insalubridade ocorrerá:*

*I – com a adoção de medidas que conservem o ambiente de trabalho dentro dos limites de tolerância;*

*II – com a utilização de equipamentos de proteção individual ao trabalhador, que diminuam a intensidade do agente agressivo a limites de tolerância.*

*Parágrafo único – Caberá às Delegacias Regionais do Trabalho, comprovada a insalubridade, notificar as empresas, estipulando prazos para sua eliminação ou neutralização, na forma deste artigo.*

Esse dispositivo trata das medidas para a eliminação ou a neutralização da insalubridade, como sendo, em primeiro lugar, a adoção de procedimentos coletivos com a finalidade precípua de conservar o ambiente de trabalho dentro dos limites de tolerância e, em segundo lugar, como a medida alternativa, implantar a utilização de Equipamentos de Proteção Individual, para diminuir a intensidade do agente agressivo a limites de tolerância.

O equipamento de proteção individual, como o próprio nome indica, exige não só a sua utilização pelo empregado, mas também impõe a fiscalização por parte do empregador quanto ao seu uso pelo empregado já que detém poder diretivo, e ainda com a possibilidade de aplicar a penalidade máxima (justa causa) em caso de recusa injustificada do empregado quanto ao seu uso (art. 158, parágrafo único, b, da CLT).

Cabe assinalar que, inicialmente apenas o fornecimento de aparelhos protetores aprovados pelo órgão competente, excluía o direito ao adicional de insalubridade, conforme dispunha a Súmula n. 80, do TST, a qual foi complementada pela de n. 289, que prescreve que "O simples fornecimento do aparelho de proteção pelo empregador não exime do pagamento do adicional de insalubridade, cabendo-lhe tomar as medidas que conduzam à diminuição ou eliminação da nocividade, dentre as quais as relativas ao uso efetivo do equipamento pelo empregado". Por força dessa Súmula e do disposto no parágrafo único, alínea b, do art. 158, da CLT, em caso de reclamatória trabalhista que envolva a questão, a prova do fornecimento do EPI e de sua utilização tem recaído ao empregador que não deve se descurar de sua responsabilidade.

Evidentemente que, se a utilização EPI resultar na eliminação da insalubridade o adicional respectivo não será devido. Se o EPI reduz o grau da insalubridade, a conseqüência será a redução do adicional para o grau médio ou mínimo. O inverso também poderá acontecer, já que ambiente de trabalho poderá sofrer modificações que impliquem em aumento do grau de insalubridade.

É importante observar que o ideal, o correto mesmo, é a eliminação dos agentes agressivos, com aparelhos e cuidados de ordem coletiva, para que o ambiente de trabalho seja saudável. O custo deste procedimento coletivo em certos casos é bem menor que aquele da segunda alternativa, com a utilização de EPIs, em razão dos riscos que decorrem desse uso, quase sempre com deficiências de fabricação ou da não fiscalização adequada enquanto utilizado, ou ainda, pela não observância dos limites de tolerância.

Finalmente, pelo que está disposto no parágrafo único deste artigo compreende-se que o legislador atribuiu às Delegacias Regionais do Trabalho um papel importante ao estabelecer que comprovada a insalubridade, a elas caberá notificar as empresas, estipulando prazos para a sua eliminação ou neutralização. Isso significa, conforme *Russomano*, que "o objetivo básico e último do sistema legal brasileiro não é dar ao trabalhador vantagem pecuniária; mas, sim, defendê-lo da agressividade do ambiente de trabalho e, sempre que seja viável, recolocar o ambiente de trabalho em nível de normalidade suportável".[20] Se não forem atendidas as determinações do órgão competente a conseqüência será a aplicação de penalidade na forma do art. 201 da CLT.

## Jurisprudência

> TST, *Súmula n. 80*. A eliminação da insalubridade mediante fornecimento de aparelhos protetores aprovados pelo órgão competente do Poder Executivo exclui a percepção do respectivo adicional (RA 69/78, DJ. 26.9.78)

> TST, *Súmula n. 289. Insalubridade. Adicional. Fornecimento do aparelho de proteção. Efeito (mantida) – Res. n. 121/2003, DJ 19, 20 e 21.11.2003*. O simples fornecimento do aparelho de proteção pelo empregador não o exime do pagamento do adicional de insalubridade. Cabe-lhe tomar as medidas que conduzam à diminuição ou eliminação da nocividade, entre as quais as relativas ao uso efetivo do equipamento pelo empregado.

---

(20) RUSSOMANO, Mozart Victor. Comentários à Consolidação das Leis do Trabalho, Vol. I, 1997, Rio de Janeiro: Forense, p. 280.

*Ementa: Insalubridade. Uso de equipamento de proteção individual. Art. 191, inciso II, da CLT.* 1. De conformidade com a jurisprudência deste Eg. Tribunal, a insalubridade deve ser eliminada pelo fornecimento de aparelhos protetores aprovados pelo órgão competente do Poder Executivo, para excluir a percepção do adicional respectivo (Súmula n. 80). 2. O art. 191, inciso II, da CLT não exclui o pagamento do adicional pelo fornecimento ou utilização de equipamento de proteção, devendo ficar comprovado que o uso de EPI eliminou ou diminuiu a intensidade do agente agressor. 3. Recurso de Revista de que não se conhece, no particular. TST-RR-18/2003-382-04-00.6 – (Ac. 1ª T.) – 4ª Reg. – Rel. Min. João Oreste Dalazen. DJU 9.2.07, p. 653.

*Ementa: Adicional de insalubridade. Súmula n. 80 do C. Tribunal Superior do Trabalho. Fornecimento irregular de EPI.* A Súmula n. 80. do C. Tribunal Superior do Trabalho só tem aplicação quando há adequado fornecimento de EPI, o qual elimina a ação do agente agressivo à saúde do obreiro, não sendo suficiente a afastar o pagamento do adicional de insalubridade, o fornecimento esporádico de protetores auriculares, sem sua oportuna substituição quando não mais se prestam a eliminar o fator agressivo. Recurso improvido. TRT 2ª Reg. RO 01445200531302000 – (Ac. 12ª T. 20070238396) – Rel. Juiz Vania Paranhos. DJSP 20.4.07, p. 21.

*Ementa: Insalubridade. Uso de equipamento de proteção individual. Súmula n. 80 do TST.* 1. De conformidade com a orientação contida na Súmula n. 80 do TST somente a eliminação da insalubridade mediante o fornecimento de aparelhos protetores aprovados pelo órgão competente do Poder Executivo exclui a percepção do adicional respectivo. 2. Recurso de revista de que não se conhece, no particular. TST-RR-1.234/2004-142-06-00.3 – (Ac. 1ª T.) – 6ª Reg. – Rel. Min. João Oreste Dalazen. DJU 30.3.07, pp. 1206/7.

*Ementa: Adicional de insalubridade. Não-utilização de EPI. Fiscalização. Obrigação do empregador.* A simples demonstração de que o empregado não utilizava os protetores auriculares é suficiente para responsabilizar a ré pelo pagamento do adicional de insalubridade, uma vez que à empresa cabia tomar todas as medidas para que houvesse o seu efetivo uso. Aplicação da Súmula n. 289 do C. TST. TRT 12ª Reg. n. 00101-2003-029-12-00-8 – (Ac. 8327/2006) – Relª Juíza Ligia M. Teixeira Gouvêa – DJSC 3.7.06, p. 34.

*Ementa: Insalubridade. Agentes químicos. Equipamentos de proteção. Prova.* Encerra ofensa à garantia constitucional da ampla defesa o indeferimento de prova oral destinada a contrapor afirmação do perito quanto ao fornecimento e uso de equipamento de proteção. O perito não é senhor de todas as coisas nem o dono único de todas as verdades. É direito da parte fazer prova das suas alegações por outros meios. Indeferimento que, na hipótese, não se justificava. Nulidade caracterizada. Recurso da ré a que se dá provimento, para que se permita a produção da prova. TRT 2ª Reg. RO 01853200501702002 – (Ac. 11ª T. 20070074202) – Rel. Juiz Eduardo de Azevedo Silva. DJSP 6.3.07, p. 31.

*Ementa: Adicional de insalubridade. Efeitos.* Estudos científicos têm demonstrado que o fornecimento de protetores auriculares não elidem os efeitos nocivos da insalubridade na saúde do trabalhador. Parte-se da premissa equivocada de que o tamponamento auditivo pelo uso do EPI serve como meio protetivo eficaz para neutralizar a insalubridade ou de que a redução dos seus efeitos afastam qualquer prejuízo à higidez física e mental do trabalhador. A transmissão do ruído se dá via óssea pelas vibrações mecânicas verificadas, que dada a sua constância vão causando lesões auditivas que a longo prazo podem levar à surdez parcial ou total, sem olvidar-se que a repetição do movimento vibratório pode trazer sério comprometimento sobre todo o sistema nervoso do trabalhador. A gravidade da situação é evidente, o que torna imprescindível aprofundar a discussão sobre o assunto, deixando de lado soluções simplistas que não levam em consideração as pesquisas científicas que tratam dos efeitos da insalubridade no organismo humano. TRT 2ª Reg. RO 00860200344602003 – (Ac. 6ª T. 20050775523) – Rel. Desig. Juiz Valdir Florindo. DJSP 25.11.05, p. 216.

*Ementa: Insalubridade. Eliminação. Uso de EPI's. Prova da efetiva utilização.* Ainda que admitida a entrega de equipamentos de proteção individual – EPI's – ao trabalhador, caberá à reclamada provar não só o fornecimento quantitativo e qualitativo necessários à redução ou eliminação da insalubridade no ambiente de trabalho, como também que os mesmos eram utilizados pelo trabalhador em sua faina diária, pois, "o simples fornecimento do aparelho de proteção pelo empregador não o exime do pagamento do adicional de insalubridade. Cabe-lhe tomar as medidas que conduzam à diminuição ou eliminação da nocividade, entre as quais as relativas ao uso efetivo do equipamento pelo empregado" (Súmula n. 289 do E. TST). Inexistindo prova nesse sentido, não há falar na presunção de que a insalubridade foi eliminada e ausência do direito ao adicional respectivo. TRT 9ª Reg. RO 00609-2003-023-09-00-4 – (Ac. 4ª T. 28669/05) – Rel. Juiz Fabrício Nicolau dos Santos Nogueira. DJPR 8.11.05, p. 300.

**1. Servidores públicos.** A Lei n. 8.112/90, regula o direito aos adicionais de insalubridade, periculosidade ou atividades penosas (arts. 68 a 72).

## Jurisprudência

*Ementa: Servidor público. Adicional de insalubridade. Não aplicação do art. 40, § 4º, CF (§ 8º na redação da EC n. 20/98).* O adicional de insalubridade não é vantagem de caráter geral, pressupondo atividade insalubre comprovada por laudo pericial. Não pode ser estendida indiscriminadamente a todos os servidores da categoria, ativos e inativos, não se aplicando o art. 40, § 4º, da Constituição. STF-AG. REG. no AI 540.618-5 (1985) – SP – (Ac. 1ª T., 14.11.06) – Rel. Min. Sepúlveda Pertence. DJU 15.12.06, p. 83.

**2. Trabalho rural.** A Súmula n. 292, do TST, que foi cancelada dispunha que "o trabalhador rural tem direito ao adicional de insalubridade, observando-se a necessidade de verificação, na forma da lei, de condições nocivas à saúde". A verdade é que, nas atividades rurais, a exemplo das urbanas, exigem mecanismos de proteção à saúde e segurança no ambiente do trabalho, mormente porque o trabalho é executado muitas vezes a céu aberto e sujeito a vários tipos de risco. Por essa razão prevê a Lei n. 5.889, de 8.6.73, no seu art. 13, que "Nos locais de trabalho rural serão observadas as normas de segurança e higiene estabelecidas em Portaria do Ministério do Trabalho e Emprego". A NR-31, da Portaria n. 3.214/78, com redação dada pela Portaria n. 86, de 3.3.05, se aplica ao meio rural e "tem por objetivo estabelecer os preceitos a serem observados na organização e no ambiente de trabalho, de forma a tornar compatível o planejamento e o desenvolvimento das atividades da agricultura, pecuária, silvicultura, exploração florestal e aqüicultura com a segurança e saúde e meio ambiente de trabalho" (item 31.1.1). Com base no art. 13, da Lei n. 5.889/73, o Ministério do Trabalho e Emprego editou cinco Normas Regulamentadoras a seguir destacadas: *Normas Regulamentadoras Rurais n. 1* – Disposições Gerais; *Normas Regulamentadoras Rurais n. 2* – Serviço Especializado em Prevenção de Acidentes do Trabalho Rural – SEPATR – *Normas Regulamentadoras Rurais n. 3* – Comissão Interna de Prevenção de Acidentes do Trabalho Rural – CIPATR; *Normas Regulamentadoras Rurais n. 4* – Equipamento de Proteção Individual – EPI e *Normas Regulamentadoras Rurais n. 5* – Produtos Químicos.

## *Jurisprudência*

*TST, Súmula n. 292 Adicional de insalubridade. Trabalhador rural (cancelada)* – Res. n. 121/2003, DJ 19, 20 e 21.11.2003. O trabalhador rural tem direito ao adicional de insalubridade, observando-se a necessidade de verificação, na forma da lei, de condições nocivas à saúde.

*Ementa: Adicional de insalubridade. Rural. Submissão a agentes biológicos. Limpeza de curral.* Não comprovada qualquer patologia em relação às quatro reses com as quais o Autor se envolvia em ordenhas diuturnas, nem tampouco o contato permanente com agentes biológicos provenientes desses animais, a só limpeza do curral não configura, por si, material infecto-contagioso. Segundo a norma técnica editada, essa conexão com agentes biológicos prejudiciais à saúde do empregado advém do trato de doença infecto-contagiosa em hospitais ou clínicas veterinárias e em estábulos da propriedade rural. TRT 3ª Reg. RO 00147-2006-037-03-00-3 – (Ac. 6ª T.) – Rel. Des. Emília Facchini. DJMG 8.2.07, p. 16.

*Ementa: Adicional de insalubridade. Atividade de vaqueiro.* O trabalho e operações em contato permanente com animais em condições considerados insalubres, na forma definida pelo Anexo 4 da NR 15 (Portaria n. 3.214/78) não advém da simples relação de freqüência com os animais, porque esta, com certeza não foi a intenção do legislador. Assim, atividades de ordenha diária de vacas, ou até mesmo, a mera condução do gado na pastagem e no manejo da rês no curral não conferem o direito ao adicional de insalubridade. A caracterização do trabalho insalubre nos termos da norma citada há de expor o empregado, na condição de vaqueiro ou não, ao contato permanente com carnes, glândulas, vísceras, sangue, ossos, couros, pelos e dejeções de animais portadores de doenças infecto-contagiosas. TRT 3ª Reg. RO 01846-2004-099-03-00-5 – (Ac. 6ª T.) – Rel. Des. Hegel de Brito Bóson. DJMG 2.11.06, p. 15.

*Ementa: Adicional de insalubridade. Serviços de ordenha.* O trabalho desenvolvido em estábulos e cavalariças é insalubre no grau médio, consoante a Portaria n. 3.214/78, NR-15, Anexo 14. A prestação de serviços com gado e limpeza do curral, em contato direto com animais e esterco, identifica-se com a hipótese referida nessa norma e obriga ao pagamento do adicional respectivo. TRT 3ª Reg. RO 01089-2003-077-03-00-1 – (Ac. 7ª T.) – Rel. Juiz Jessé Cláudio Franco de Alencar. DJMG 31.8.06, p. 18.

**Art. 192** *O exercício de trabalho em condições insalubres, acima dos limites de tolerância estabelecidos pelo Ministério do Trabalho, assegura a percepção de adicional respectivamente de 40% (quarenta por cento), 20% (vinte por cento) e 10% (dez por cento) do salário mínimo da região, segundo se classifiquem nos graus máximo, médio e mínimo.*

Se as medidas tomadas pelo empregador forem insuficientes, ou seja, se elas (tanto uma como a outra) não conseguiram observar os limites de tolerância, será devido o pagamento de um adicional ao salário dos empregados, de 40% (quarenta por cento), 20% (vinte por cento) e 10% (dez por cento) do salário mínimo, segundo se classifiquem nos graus máximos, médio e mínimo.

As empresas que estiverem no grau máximo (40% sobre o salário mínimo) e contarem com um número muito grande de empregados, deverão tentar reduzir seus custos, tomando medidas de ordem coletiva para tornar saudável o ambiente do trabalho. Este é o espírito da lei.

Em países pesquisados, encontramos na Bélgica e na Holanda, as mesmas preocupações de nosso País, nos quais o pagamento de adicionais é somente devido após terem sido fracassadas as medidas para eliminar ou neutralizar os riscos de ambiente de trabalho.

A NR-15 (Atividades e Operações Insalubres), descrevem as atividades, as operações e os agentes insalubres, e, também, os respectivos limites de tolerância "entendidos como o nível de concentração máxima de um agente possível de existir no ambiente de trabalho, sem causar danos à saúde dos trabalhadores", como conceitua *Edwar Abreu Gonçalves*, na excelente obra citada).

São treze anexos que vigoram, sendo certo que o Anexo n. 4, sobre Níveis Máximos de Iluminamento foi revogado.

Essa NR-15, com seus Anexos, é tão detalhada que só nos cabe indicar ao leitor a pesquisa em obras especializadas, dentre as quais, indicamos com satisfação, o "Manual de Segurança e Saúde no Trabalho", 3ª ed., LTr, de *Edwar Abreu Gonçalves*.

Algumas peculiaridades sobre o trabalho em condições insalubres e o adicional respectivo.

*1. Condições insalubres*

**1.1. Limites de tolerância e tempo de exposição a agentes insalubres.** De acordo com a NR-15, "entende-se por 'Limite de Tolerância', para fins desta Norma, a concentração ou intensidade máxima ou mínima, relacionada com a natureza e o tempo de exposição ao agente, que não causará dano à saúde do trabalhador, durante a sua vida laboral (item 15.1.5). Como já foi visto, quem determina os limites de tolerância e tempo de exposição do trabalhador aos agentes insalubres é o órgão competente, no caso o Ministério do Trabalho e Emprego (art. 200, da CLT), alicerçados, evidentemente, em critérios técnicos. Isto se faz necessário porque "a mera exposição eventual e passageira a agente insalubre (v.g., exposição de 1 minuto a ruído de 90 dB), poderá, no mais das vezes, não caracterizar risco à saúde do trabalhador, ao contrário da situação daquele obreiro que labora constantemente exposto a agentes nocivos (ruído, calor, produtos químicos, radiações ionizantes, entre outros) durante toda sua jornada".[21] Exige-se, assim, que o contato com o agente nocivo à saúde ocorra de forma permanente ou ao menos intermitente.

## Jurisprudência

*Ementa: Adicional de insalubridade "agente nocivo à saúde". Análise qualitativa.* O fato do Autor não ficar exposto a agente insalubre, durante toda a jornada de trabalho, não descaracteriza a condição de insalubridade decorrente da utilização de produto contendo hidrocarboneto aromático. Com efeito, de acordo com a NR-15, Anexo 13, da Portaria n. 3.214 do MTb, tal agente nocivo está sujeito à análise qualitativa, não sendo relevante, para fins de caracterização da insalubridade, a fixação do tempo de exposição do obreiro ao produto. TRT 3ª Reg. RO 00792-2005-104-03-00-2 – (Ac. 8ª T.) – Relª Juiz Des. Márcio Ribeiro do Valle. DJMG 30.9.06, p. 30.

*Ementa: Adicional de insalubridade. Contato com portadores de doenças infecto-contagiosas. Indeferimento.* O mero contato com portadores de doenças infecto-contagiosas não assegura ao empregado o direito ao adicional de insalubridade, sendo necessário que ele ocorra de forma permanente ou ao menos intermitente. Quando o exame pericial evidencia o caráter esporádico do contato, há de se indeferir o pedido do referido adicional. TRT 18ª Reg. RO 00941-2006-001-18-00-5 – (Ac. 2ª T.) – Rel. Des. Platon Teixeira de Azevedo Filho. DJE/ TRT 18ª Reg. n. 31, 20.3.07, p.09.

**1.2. Contato intermitente.** O trabalho em condições insalubres, em caráter intermitente (intervalado ou descontinuo) não afasta o direito ao adicional de insalubridade, conforme a Súmula n. 47, do TST.

## Jurisprudência

*TST, Súmula n. 47. Insalubridade (mantida) – Res. 121/2003, DJ 19, 20 e 21.11.2003.* O trabalho executado em condições insalubres, em caráter intermitente, não afasta, só por essa circunstância, o direito à percepção do respectivo adicional.

---

(21) PEREIRA, Alexandre Demetrius. Tratado de Segurança e Saúde Ocupacional, Aspectos técnicos e jurídicos, Vol. III, NR-13 a NR-15, nov./2005, São Paulo: LTr, p. 103.

**1.3. Óleos minerais (fabricação e manuseio).** Para efeito de concessão de adicional de insalubridade não há distinção entre fabricação e manuseio de óleos minerais. Nesse sentido, a Orientação Jurisprudencial da SDI-1 n. 171.

## Jurisprudência

*TST, OJ-SDI-1, n. 171. Adicional de insalubridade. Óleos minerais. Sentido do termo "manipulação". Inserida em 8.11.00.* Para efeito de concessão de adicional de insalubridade não há distinção entre fabricação e manuseio de óleos minerais – Portaria n. 3.214 do Ministério do Trabalho, NR-15, Anexo XIII.

**1.4. Atividade a céu aberto, com exposição aos raios solares.** O trabalho a céu aberto, embora se caracterize como uma atividade que causa vários malefícios ao obreiro, principalmente nas regiões em que a temperatura é elevada, o certo que é que não há previsão legal para o pagamento do adicional de insalubridade, já que não figura como atividade insalubre no quadro classificatório do Ministério do Trabalho e Emprego. Nessa conformidade, tem sido rejeitado pedido de adicional de insalubridade para o trabalhador que labuta nas condições já descritas. Registre, no entanto, que existem decisões isoladas de Tribunais Regionais atribuindo o direito ao trabalhador que exerce atividades a céu aberto pelos malefícios que a ele acarreta (desidratação, insolação, danos na retina e na córnea, estresse térmico, queimaduras na pele, envelhecimento precoce e o aparecimento do melanoma, o mais temível dos cânceres de pele).

## Jurisprudência

*TST, OJ-SDI-1 n. 173. Adicional de insalubridade. Raios solares. Indevido. Inserida em 8.11.00.* Em face da ausência de previsão legal, indevido o adicional de insalubridade ao trabalhador em atividade a céu aberto (art. 195, CLT e NR-15 MTb, Anexo 7).

*Ementa: Adicional de insalubridade. Exposição aos raios solares. Devido.* Não há como se filiar ao entendimento consubstanciado na Orientação Jurisprudencial n. 173 da SDI-1 do C. TST, tendo em vista o seu anacronismo, incoerência e ilegalidade, estando esta evidenciada pela afronta ao item 1 do Anexo 7, da NR-15, da Portaria n. 3.214/78 do MTb, e aos arts. 195 da CLT e 170 da CF, e, aquelas, pelo fato de ser público e notório os malefícios que podem causar à saúde humana a exposição excessiva ao sol, tais como, desidratação, insolação, danos na retina e na córnea, estresse térmico, queimaduras na pele, envelhecimento precoce e o aparecimento do melanoma, o mais temível dos cânceres de pele. Assim, não obstante a equivocada jurisprudência superior, impõe-se o enquadramento do trabalho em exposição contínua aos raios solares como atividade insalubre. TRT 15ª Reg. (Campinas/SP) RO 00224-2005-120-15-00-5 – (Ac. 8255/2007-PATR, 11ª C.) – Rel. Juiz Flavio Nunes Campos. DJSP 2.3.07, p. 12.

**1.5. Lixo urbano e doméstico.** Não se insere entre os agentes insalubres o lixo doméstico (residência) ou de escritório (higienização de sanitários, faxinas e coletas de lixo), mas apenas o lixo urbano (os de hospitais, postos de saúde) ou quando derivados de situações que constam do quadro de classificação do MTE.

## Jurisprudência

TST, OJ-SBDI n. 4. *Adicional de insalubridade. Lixo urbano.* (Nova redação em decorrência da incorporação da Orientação Jurisprudencial n. 170 da SBDI-1, DJ 20.4.2005)

I – Não basta a constatação da insalubridade por meio de laudo pericial para que o empregado tenha direito ao respectivo adicional, sendo necessária a classificação da atividade insalubre na relação oficial elaborada pelo Ministério do Trabalho.

II – A limpeza em residências e escritórios e a respectiva coleta de lixo não podem ser consideradas atividades insalubres, ainda que constatadas por laudo pericial, porque não se encontram dentre as classificadas como lixo urbano na Portaria do Ministério do Trabalho. (ex-OJ n. 170 da SBDI-1 – inserida em 8.11.2000)

*Adicional de insalubridade. Prova do trabalho em condições insalubres.* São consideradas insalubres as atividades desenvolvidas em contato com lixo urbano, cuja avaliação se faz de forma qualitativa e, na própria atividade em condições hiperbáricas (Anexo n. 6), com produtos cancerígenos (Anexo n. 13) ou com pacientes de risco, animais contaminados, esgotos e lixo urbano (Anexo n. 14) a existência de agentes insalubres é considerada inerente à atividade desenvolvida. TRT 12ª Reg. RO-V 09542-2005-034-12-00-2 – (Ac. 2ª T. 00840/07, 28.11.06) – Relª Juíza Ione Ramos. TRT-SC/DOE 9.2.07.

*Ementa: Recurso de revista. Adicional de insalubridade. Lixo doméstico. Provimento.* O Anexo 14 da NR-15 da Portaria n. 3.214/78 do Ministério do Trabalho, que trata do contato com agentes biológicos, dispõe ser devido o adicional de insalubridade na hipótese de coletas de lixo urbano. A higienização de sanitários não se enquadra no contexto legal supracitado como sendo atividade de manuseio de lixo urbano. Ainda que o laudo pericial tenha concluído serem insalubres as atividades da recorrida, a classificação dada pelo Eg. Tribunal Regional não possui amparo legal. Este entendimento se encontra pacificado neste C. Tribunal Superior, nos termos da Orientação Jurisprudencial n. 4 da SBDI-1. Recurso de revista conhecido e provido. TST-RR-429/2003-018-04-40.9 – (Ac. 6ª T.) – 4ª Reg. – Rel. Min. Aloysio Corrêa da Veiga. DJU 30.3.07, p. 1348.

*Ementa: Recurso de revista. Adicional de insalubridade. Limpeza de banheiros. Lixo urbano. Não-caracterização. Provimento.* É dominante o entendimento no âmbito desta Corte no sentido de que as atividades correspondentes à limpeza e faxina de banheiros no interior de empresa, incluindo a coleta de lixo, não se enquadra no conceito de manuseio de lixo urbano (coleta e industrialização), de que trata o Anexo 14 da NR-15 da Portaria n. 3.214/78 do Ministério do Trabalho, mas sim de lixo doméstico, em face do grau de nocividade do primeiro, não fazendo jus à percepção do adicional de insalubridade o empregado que executa a citada tarefa, ainda que constatada tal condição por meio de laudo pericial, porque não se encontram classificadas como lixo urbano pela referida norma regulamentadora (OJ n. 04 da SBDI-1). Recurso de revista de que se conhece, no particular, e a que se dá provimento. TST-RR-40.536/2002-900-04-00.0 – (Ac. 1ª T.) – Rel. Juiz Convocado Guilherme Augusto Caputo Bastos. DJU 30.3.07, p. 1209.

*Ementa: Adicional de insalubridade. Limpeza de banheiros em posto de saúde. Caracterização de trabalho insalubre previsto no anexo 14 da NR-15 da Portaria n. 3.214/78.* 1. Tendo o Regional dirimido a controvérsia à luz do campo fático, verificando que a autora trabalhava na limpeza de banheiros de posto de saúde, expondo-se à risco pelo contato a agentes biológicos, conforme laudo pericial, enquadrando-se às hipóteses do Anexo 14 da NR-15 da Portaria n. 3.214/78, não há que se falar em descaracterização do trabalho insalubre. Julgar de modo diverso ao quadro fático delineado pelo Tribunal *a quo* envolve reexame de provas, o que é vedado à instância extraordinária, a teor da Súmula n. 126/TST. 2. Não há que se falar em contrariedade à Orientação Jurisprudencial n. 4 da SBDI-1/TST, na medida em que a prova pericial apurou tratar-se de limpeza de banheiros de postos de saúde, hipótese em que o obreiro é exposto à contaminação por agentes biológicos. 3. Por divergência jurisprudencial a revista não se credencia ao conhecimento, vez que os arestos colacionados ora pertencem a Turmas do TST, órgão não elencado dentre aqueles constantes da alínea "a" do art. 896 consolidado e, ora, não atendem à especificidade exigida pelas Súmulas ns. 23 e 296/TST, visto não tratarem de limpeza de banheiros em "posto de saúde", hipótese fática verificada pelo acórdão Recorrido.TST-AIRR-340/2004-018-04-40.3 – (Ac. 6ª T.) – 4ª Reg. – Rel. Juiz Convocado Luiz Antonio Lazarim. DJU 30.3.07, p. 1345.

*Ementa: Adicional de insalubridade. Coleta de lixo. Condomínio residencial. Improcedência.* A manipulação de lixo residencial e de escritório, no âmbito do Condomínio-Reclamado, não conduz à caracterização de limpeza de tanques e galerias de esgoto, nos moldes requeridos pelo Anexo 14 da NR-15 da Portaria n. 3.214/78 do Ministério do Trabalho e Emprego. Corrobora a fixação da tese a jurisprudência desta Corte Superior, que tem seguido na esteira da improcedência do pleito de adicional de insalubridade que tenha por motivação o manuseio de lixo residencial e de escritórios, ainda que constatado por laudo técnico, a teor das Orientações Jurisprudenciais ns. 4 e 170 da SBDI-1 do TST (esta última incorporada à OJ n. 4), haja vista a falta de previsão da hipótese no quadro das atividades insalubres, emanado do Ministério do Trabalho e Emprego, sendo insuscetível, ainda, de equiparação ao cognominado lixo urbano (Anexo 14 da NR-15 da Portaria n. 3.214/78, do MTE). Recurso de revista conhecido e provido. TST-RR-1.247/2004-004-04-00.9 – (Ac. 4ª T.) – 4ª Reg. – Rel. Min. Ives Gandra Martins Filho. DJU 2.2.07, p. 1203.

**1.6. Telefonista**. As atividades desenvolvidas por telefonista não se equiparam com as funções de telegrafia e radiotelegrafia, manipulação de aparelhos tipo Morse e recepção de sinais em fones e, por essa razão, não fazem jus ao adicional de insalubridade. Entretanto, há decisão do TST no sentido de que "não é, pois, a atividade em si de telefonista que gera direito ao adicional, mas o fato de operar com fone de ouvido que produz ruído constante acima de 85 decibéis, superior ao permitido pelo Anexo I da NR 15".

## Jurisprudência

*Ementa: Adicional de insalubridade. Telefonista.* O Anexo n. 13 da NR-15 da Portaria n. 3.214/78 do Ministério do Trabalho dispõe ser devida a insalubridade em grau médio no exercício de funções de telegrafia e radiotelegrafia, manipulação de aparelhos tipo Morse e recepção de sinais em fones. Daí resulta que as atividades desenvolvidas pela reclamante, na função de telefonista, não se enquadram naquelas descritas no Anexo n. 13. Por outro lado, a jurisprudência desta Corte, cristalizada na Orientação Jurisprudencial n. 4 da SBDI-1, consagra tese no sentido de que somente é devido o adicional de insalubridade quando a atividade insalubre encontra-se descrita na relação oficial elaborada pelo Ministério do Trabalho, não bastando a constatação da insalubridade mediante laudo pericial. Recurso de embargos não conhecido. TST-E-ED-RR-559/2002-025-04-00.4 – (Ac. SBDI1) – 4ª Reg. – Rel. Min. Lelio Bentes Corrêa. DJU 17.11.04, p. 700.

*Ementa: Adicional de insalubridade. Art. 190 da CLT. Alcance. Necessidade de classificação da atividade e da operação insalubre na relação oficial elaborada pelo Ministério do Trabalho.* Violação do art. 896 da CLT não configurada. A interpretação literal, sistemática e teleológica do *caput* dos arts. 189, 190 e 192 da CLT deixa claro que é o exercício do trabalho em condições insalubres que gera direito ao adicional de insalubridade, seja ele decorrente de atividade ou de operação sujeita ao agente nocivo à saúde, acima dos limites de tolerância classificados pelo Ministério do Trabalho, que leva em consideração a natureza, a intensidade do agente e o tempo de exposição aos seus efeitos. Não é, pois, a atividade em si de telefonista que gera direito ao adicional, mas o fato de operar com fone de ouvido que produz ruído constante acima de 85 decibéis, superior ao permitido pelo Anexo I da NR 15. O item I da Orientação Jurisprudencial n. 4 da SDI-1, ao se referir exclusivamente à hipótese em que não há a classificação da atividade insalubre na relação oficial elaborada pelo Ministério do Trabalho, por certo que não exclui do campo de abrangência do referido adicional as operações assim classificadas na mesma relação oficial, pois não se pode conceber que a jurisprudência exclua direitos expressamente concedidos em texto de lei (art. 190 da CLT). Corrige-se, no entanto, com fundamento no art. 463, I, do CPC, a parte final da fundamentação do acórdão embargado para que dele conste "adicional de insalubridade", e não adicional de periculosidade, como equivocadamente registrado. Intacto o art. 896 da CLT. Recurso de embargos não conhecido. TST-E-RR-719.266/2000.8 – (Ac. SBDI1) – 14ª Reg. – Rel. Min. Milton de Moura França. DJU 29.9.06, p. 747.

## 1.7. Outras situações encontradas na jurisprudência

*Ementa: Adicional de insalubridade. Babá de creche. Inexistência.* A atividade de babá de creche, cuidando da higiene de crianças, não pode ser enquadrada como insalutífera, por ausência de previsão na Portaria Ministerial n. 3.214/1978, NR-15, Anexo 14, a qual versa exclusivamente sobre a exigência de pagamento de adicional de insalubridade quando do trabalho ou operações com contato permanente com lixo urbano. TRT 12ª Reg. RXN-VA 00255-2003-003-12-00-7 – (Ac. 3ª T. 00923/05, 26.10.04.) – Red. Desig. Juiz Gilmar Cavalheri. DJSC 27.01.05, p. 94.

*Ementa: Adicional de insalubridade. Trabalho desenvolvido em galinheiro ou aviário.* Possibilidade de equiparação com o trabalho desenvolvido em estábulo e cavalariças. Prevalece a perícia que considera insalubre a atividade desempenhada junto a galinheiros de aves poedeiras por equiparação com aquelas desenvolvidas em estábulos e cavalariças (Anexo 14, NR n. 3.214-1978) – porquanto independe a denominação do local onde são guardados os animais, e sim efeito decorrente da permanência destes e conseqüente contato do trabalhador com os agentes insalubres existentes, maléficos para a saúde humana, o que se encontra desvinculado da fonte de que advenha, no caso, de igual natureza. Recurso ordinário conhecido e provido. TRT 9ª Reg. RO 00659-2004-653-09-00-3 – (Ac. 3ª T. 03923/07) – Red. Juiz Archimedes Castro Campos Júnior. DJPR 13.2.07, p. 235.

*Ementa: Insalubridade. Pacientes e materiais infecto-contagiosos. Contato intermitente. Adicional devido.* Restando constatado pelo laudo pericial que os reclamante tinham contato intermitente com pacientes e material infecto-contagioso, sem que haja prova a infirmar essas conclusões, fica patente o direito ao adicional de insalubridade. Isso porque, ainda que o contato intermitente não possa ser considerado permanente, é tido como habitual, e, por essa razão, enseja a percepção do adicional de insalubridade. Neste sentido, há a Súmula n. 47 do C. TST. TRT 15ª Reg. (Campinas/SP) – REO-RO 02253-2002-014-15-00-9 – (Ac. 26079/2006-PATR, 5ª Câmara) – Rel. Juiz Lorival Ferreira dos Santos. DJSP 2.6.06, p. 50,

*Ementa: Adicional de insalubridade. Carga e descarga de cimento e cal embalados. Indeferimento.* O contato com o pó que eventualmente escapa dos sacos de cimento (nos casos de pouca vedação) em ambiente arejado não pode ser enquadrado na hipótese de "fabricação e manuseio de álcalis cáusticos" e "manipulação de cromatos e bicromatos" quando o empregado apenas transporta os sacos de cimento e cal, ou seja, não trabalha diretamente com esses produtos, como ocorre com um trabalhador que os manipula no seu ofício. Nem mesmo aplica-se à hipótese a previsão também contida na NR-15, Anexo 13, que considera insalubre em grau mínimo a "fabricação e transporte de cal e cimento nas fases de grande exposição a poeiras". Constatado que o cimento e a cal eram apenas alguns dos materiais de construção transportados pelo trabalhador e se encontravam embalados, que o ambiente era arejado e que a manipulação dos sacos era feita basicamente com o auxílio de empilhadeiras, é exagerado supor que o trabalhador estivesse exposto a grande quantidade de poeira de cal e cimento para enquadramento na norma regulamentar. TRT 12ª Reg. RO-VA 01679-2003-019-12-00-4 – (Ac. 3ª T. 13570/06, 22.08.06) – Relª Juíza Lília Leonor Abreu. DJSC 13.10.06, p. 53.

## 2. Adicional de insalubridade. Base de cálculo e questões salariais

**2.1. Natureza jurídica.** A natureza jurídica do adicional de insalubridade está delineada no próprio art. 7º, XXIII, da Constituição Federal, que confere aos trabalhadores o direito ao adicional de remuneração para as atividades penosas, insalubres ou perigosas, na forma da lei. Assim, o adicional em causa nada mais é do que um acréscimo salarial. Decorre da "contraprestação de trabalho em condições especiais de penosidade, insalubridade ou de risco" e "sujeito a condição e tem caráter precário" *(Carmem Carmine)*.[22]

**2.2. Base de cálculo. Salário mínimo.** Na ordem jurídica brasileira já existiu várias denominações para determinação do menor salário a ser pago ao trabalhador, citando como exemplo, piso nacional de salários, salário de referência, salário mínimo regional e, na atualidade, existe apenas o salário mínimo fixado por lei federal. Como regra o adicional de insalubridade incide sobre o salário mínimo definido em Lei Federal, *com* fundamento no disposto neste art. 192, o qual se refere a salário mínimo da região, que deixou de prevalecer porque nos dias atuais a sua fixação é feita para vigorar em âmbito nacional. O Supremo Tribunal Federal tem se manifestado em várias oportunidades que o salário mínimo pode ser utilizado como base de cálculo do adicional de insalubridade, conforme se verifica pelas seguintes decisões: (AgR 444.412.6 – RS – (Ac. 2ª T., 12.8.03) – Rel. Min. Carlos Velloso. DJU 19.3.03, p. 26 e RE 340.275-7 (499) –SP – (Ac. 2ª T. 28.9.04) – Rel. Min. Ellen Gracie, DJU 22.10.04, p. 38. Não se admite observar o salário mínimo para efeito de atualização de qualquer indenização. A jurisprudência do TST é firme no sentido que a base de cálculo do adicional de insalubridade é o salário mínimo, conforme Súmula n. 228).

## Jurisprudência

> TST, Súmula n. 228. Adicional de insalubridade. Base de cálculo (nova redação) – Resolução n. 121/2003, DJ 19, 20 e 21.11.2003. O percentual do adicional de insalubridade incide sobre o salário mínimo de que cogita o art. 76 da CLT, salvo as hipóteses previstas na Súmula n. 17.

> TST, OJ-SDI-1 (Transitória n. 4). Mineração Morro Velho. Adicional de insalubridade. Base de cálculo. Acordo coletivo. Prevalência. Inserida em 2.10.97 (inserido dispositivo, DJ 20.4.2005) O acordo coletivo estabelecido com a Mineração Morro Velho sobrepõe-se aos comandos da lei, quando as partes, com o propósito de dissipar dúvidas e nos exatos limites de seu regular direito de negociação, livremente acordaram parâmetros para a base de cálculo do adicional de insalubridade.

---

(22) Direito Individual do Trabalho, 4ª ed., 2004, Síntese, p. 367.

*TST, OJ-SDI- (Transitória n. 12) CSN. Adicional de insalubridade e de periculosidade. Salário complessivo. Prevalência do acordo coletivo.* Inserida em 19.10.00 (inserido dispositivo, DJ 20.4.2005) O pagamento do adicional de insalubridade e periculosidade embutido no salário contratual dos empregados da CSN não caracteriza a complessividade salarial, uma vez que essa forma de pagamento decorre de acordo coletivo há muitos anos em vigor.

*Ementa: Adicional de insalubridade. Base de cálculo.* A vedação contida no art. 7º, V da CR/88 de "vinculação do salário mínimo para qualquer fim" não deve ser interpretação como proibição de que seja a base de incidência do adicional de insalubridade. O que a lei constitucional pretende é impedir que o salário mínimo utilizado como fator de indexação, que resultaria no seu aviltamento. Tampouco o art. 7º, XXIII, da Constituição da República, que prevê "adicional de remuneração para as atividades penosas, insalubres ou perigosas, na forma da lei", assegura aos trabalhadores o direito ao cálculo do adicional de insalubridade sobre a remuneração. O dispositivo apenas alude à natureza da verba – salarial e não indenizatória – deixando para o legislador infraconstitucional a regulamentação desse direito trabalhista. As normas da CLT, nesse particular, foram recepcionadas pela nova ordem constitucional, de modo que o art. 192 da CLT encontra-se em plena vigência e prevalece o entendimento do Enunciado n. 228 do TST. O TST, pela Orientação Jurisprudencial n. 02, da SDI " 1, também já decidiu que, mesmo na vigência da CR/88, o adicional de insalubridade é calculado sobre o salário mínimo. TRT 3ª Reg. RO 00255-2006-036-03-00-0 – (Ac. 7ª T.) – Relª Juíza Taísa Maria Macena de Lima. DJMG 14.11.06, p. 15.

**2.2.1. Controvérsia. Incidência sobre a remuneração.** Em virtude da existência de algumas decisões da Suprema Corte que não admite que o salário mínimo seja base de cálculo para fixação do adicional de insalubridade (Precedentes RE 435.011-AgR e AI 423.622-ED e STF-AG. REG. NO RE 451.220-3 – Ac. 1ª T, 28.11.06.) este último, tendo como Relator o Min. Carlos Britto e publicado no DJU 20.4.07, p. 93.), tem surgido decisões de Tribunais Regionais determinando que o adicional incida sobre a remuneração do empregado já que não se teria outra base de cálculo. Dada essa controvérsia que decorre exclusivamente de posições antagônicas da Suprema Corte, a questão já está a merecer a edição de uma Súmula vinculante por parte Excelsa Corte com o objetivo de pacificar a discussão que impera na jurisprudência.

## Jurisprudência

*Ementa: "Adicional de insalubridade. Vinculação ao salário mínimo. Art. 7º, IV da CF/88.* O art. 7º, IV da Constituição proíbe tão-somente o emprego do salário mínimo como indexador, sendo legítima a sua utilização como base de cálculo do adicional de insalubridade." (RE 452.205, Rel. Min. Ellen Gracie, julgamento em 11.10.05, *DJ* de 4.11.05)

*Ementa: Agravo regimental em recurso extraordinário. Trabalhista. Adicional de insalubridade. Vinculação ao salário mínimo. Inconstitucionalidade.* A utilização do salário mínimo como base de cálculo do adicional de insalubridade ofende a parte final do inciso IV do art. 7º da Constituição Federal. Precedentes: RE 435.011-AgR e AI 423.622-ED. Agravo Regimental desprovido. STF-AG. REG. no RE 451.220-3 (1414) – ES – (Ac. 1ª T, 28.11.06.) – Rel. Min. Carlos Britto. DJU 20.4.07, p. 93.

*Ementa: Adicional de insalubridade. Base de cálculo.* O adicional de insalubridade deve ser calculado sobre a remuneração do empregado, visto estar tacitamente revogado o art. 192 da CLT. Por outro lado, se o adicional de insalubridade tem por fim indenizar o trabalhador pelos danos e riscos à sua saúde em razão do contato com os respectivos agentes agressivos, sendo dever do empregador acabar ou amenizar com a fonte agressiva à saúde dos seus empregados, seja pela modernização tecnológica do parque industrial ou pela entrega de EPI's mais eficazes, não se concebe que o mesmo seja calculado sobre o salário mínimo, visto que assim procedendo, existe uma desoneração do empregador em propiciar um meio ambiente de trabalho equilibrado e saudável. Precedentes do e. STF. TRT 15ª Reg. (Campinas/SP) – RO n. 1772/2004.010.15.00-6 –(Ac. 6ª T.) – Rel.Juiz Flávio Nunes Campos. DJSP 27.1.06, p. 54.

**2.3. Base de cálculo. Salário profissional, salário convencional e salário normativo.** O salário profissional, como a própria denominação indica, corresponde ao piso salarial mínimo de profissões liberais regulamentadas, como a de médicos, advogados e engenheiros, com valor fixado por lei. O salário mínimo normativo é originado de decisão em processo de dissídio coletivo. Finalmente, o salário convencional é definido em convenção ou acordo coletivo. No caso da existência de tais salários, sobre eles é que incidirá o cálculo para fixação do adicional de insalubridade e se atendo a categoria a que pertença o empregado. É o que prescreve a Súmula n. 17, restaurada pela Resolução n. 121/03, do TST, DJ 19.10.03, que está em harmonia com o princípio da razoabilidade, já que os referidos salários nada mais são do que o menor salário a ser pago aos trabalhadores que se encaixam na situação descrita.

## Jurisprudência

TST, *Súmula n. 17. Adicional de insalubridade (restaurada). Resolução n. 121/ 2003, DJ 19, 20 e 21.11.2003.* O adicional de insalubridade devido a empregado que, por força de lei, convenção coletiva ou sentença normativa, percebe salário profissional será sobre este calculado.

TST, *Súmula n. 228. Adicional de insalubridade. Base de cálculo (nova redação) – Resolução n. 121/2003, DJ 19, 20 e 21.11.2003.* O percentual do adicional de insalubridade incide sobre o salário mínimo de que cogita o art. 76 da CLT, salvo as hipóteses previstas na Súmula n. 17.

*Ementa: Adicional de insalubridade. Base de Cálculo. Salário profissional normativo.* Havendo previsão normativa de salário mínimo profissional superior ao mínimo legal, aplicável à categoria do reclamante, o percentual correspondente ao adicional de insalubridade deve ser calculado com base no valor do salário normativo previsto, conforme entendimento consagrado desta Corte, consubstanciado no texto das Súmulas ns. 17 e 228 deste Tribunal. Embargos providos para restabelecer a sentença, no particular. TST-E-A-RR-1.372/2004-027-12-00.9 – (Ac. SBDI1) – 12ª Reg. – Rel. Min. Vantuil Abdala. DJU 20.4.07, p. 1010.

*Ementa: Adicional de insalubridade. Base de cálculo.* O revigoramento da Súmula n. 17 do TST demonstra a nova inclinação da jurisprudência no sentido de adotar, como base de cálculo do adicional de insalubridade, não apenas o salário profissional previsto em lei, mas também o piso da categoria ou salário normativo que venham a ser definidos em normas coletivas aplicáveis. TRT 3ª Reg. RO 00834-2006-019-03-00-7 – (Ac. 2ª T.) – Rel. Fernando Luiz Gonçalves Rios Neto. DJMG 14.2.07, p. 10.

*Ementa: Adicional de insalubridade. Base de cálculo.* O percentual do adicional de insalubridade incide sobre o salário mínimo de que cogita o art. 76 da Consolidação das Leis do Trabalho, salvo as hipóteses previstas na Súmula n. 17 (Súmula n. 228 do colendo TST). TRT 12ª Reg. RO-V 03520-2005-027-12-00-0 – (Ac. 2ª T. 00809/07, 21.11.06) – Relª : Juíza Ione Ramos. TRT-SC/DOE 22.01.07.

**2.4. Integração ao salário.** Como o adicional de insalubridade é verba de natureza salarial, enquanto for devido, integra a remuneração do trabalhador beneficiário, para todos os efeitos legais, conforme Súmula n. 139 do TST. Exclui-se a sua incidência sobre o repouso semanal no caso do trabalhador ser mensalista. Na hipótese, o adicional já remunera os dias de repouso semanal e feriados (TST, OJ-SDI-1 n. 103). Evidentemente, que se o empregado recebe por dias trabalhados, os repousos semanais deverão ser pagos acrescidos do adicional de insalubridade.

## Jurisprudência

TST, OJ-SDI-1 n. 47. Hora extra. Adicional de insalubridade. Base de cálculo. É o resultado da soma do salário contratual mais o adicional de insalubridade, este calculado sobre o salário mínimo. Inserida em 29.03.96.

TST. OJ-SDI-1 n. 103. Adicional de insalubridade. Repouso semanal e feriados. (nova redação, DJ 20.4.2005). O adicional de insalubridade já remunera os dias de repouso semanal e feriados.

**2.5. Horas extras. Incidência.** Quando o empregado cumprir jornada extraordinária, a base de cálculo do adicional de insalubridade é o resultado da soma do salário contratual mais o adicional de insalubridade, este calculado sobre o salário mínimo (TST, OJ-SDI-1 n. 47), ou então sobre o salário profissional, salário convencional ou normativo, se pagos (TST, Súmula n. 228, parte final). Vale lembrar que o Precedente Normativo n. 67, do SIT/MTE reza que "descabe a integração do adicional de insalubridade na base de cálculo das horas extras, pois o de insalubridade é calculado sobre o salário mínimo e o adicional de hora extra sobre a hora normal, inexistindo repercussão de um sobre o outro."Referência Normativa: Art. 59 § 1º e art. 192 da CLT.

*Jurisprudência:*

*Ementa: Pedido de reflexos do adicional de insalubridade. Não especificação dos reflexos postulados. Inépcia do pedido.* Se na peça exordial pleiteia o trabalhador reflexos do adicional de insalubridade, sem especificar em quais parcelas deveriam ser observados estes reflexos, expressando-os de forma genérica e inviabilizando/dificultando a defesa da parte adversa, revela-se inepto o pedido de reflexos formulado. TRT 17ª Reg. RO 00871.2005.151.17.00.4 – (Ac. 8237/06) – Relª Juíza Maria de Lourdes Vanderlei e Souza. DJES 9.10.06, p. 8.130.

*Ementa: Recurso de revista. Adicional de insalubridade. Incidência no cálculo das horas extraordinárias.* Consoante a diretriz perfilhada na Orientação Jurisprudencial n. 47 da SBDI-1 do TST, o adicional de insalubridade integra a base de cálculo das horas extraordinárias. Recurso de revista de que não se conhece. TST-RR-473.311/1998.9 – (Ac. 1ª T.) – 4ª Reg. – Rel. Min. Luiz Philippe Vieira de Mello Filho. DJU 20.4.07, p. 1055.

**2.6. Acordo de compensação de horário.** Dispõe o art. 60, da CLT, que qualquer prorrogação da jornada de trabalho em atividades insalubres somente poderá ser acordada mediante licença prévia da autoridade competente em matéria de medicina do trabalho, demandando exame e verificações nos locais do trabalho. Após muita controvérsia prevaleceu o entendimento de que havendo ajuste mediante acordo ou convenção coletiva prescinde-se da inspeção prévia a que alude o mencionado art. 60, da CLT. (TST, Súmula n. 349)

*Jurisprudência*

*TST, Súmula n. 349. Acordo de compensação de horário em atividade insalubre, celebrado por acordo coletivo. Validade (mantida)* – Res. n. 121/2003, DJ 19, 20 e 21.11.2003. A validade de acordo coletivo ou convenção coletiva de compensação de jornada de trabalho em atividade insalubre prescinde da inspeção prévia da autoridade competente em matéria de higiene do trabalho (art. 7º, XIII, da CF/1988; art. 60 da CLT).

**2.7. Radiologista.** A Lei n. 7.394, de 29.10.85, que trata do técnico de radiologia, estabelece no seu art. 16 que o adicional de risco de vida e insalubridade será de 40%, incidente sobre o salário mínimo profissional da categoria.

*Jurisprudência*

*Ementa: Operador de câmara escura. Lei n. 7.394/85. Aplicação do art. 16.* Restando incontroverso nos autos que o reclamante era operador de câmara escura, aplicam-se-lhe os dispositivos previstos na Lei n. 7.394/85, conforme lhe assegura o disposto no § 2º do art. 11 da mesma Lei. Nessa esteira, o aludido enquadramento implica em constituição do crédito relativo ao salário profissional e mais o adicional de risco de vida e insalubridade estatuídos no art. 16 da referida Legislação Especial. TRT 12ª Reg. RO-V 06782-2004-035-12-00-0 – (Ac. 3ª T. 04737/06, 21.03.06) – Relª Juíza Ligia Maria Teixeira Gouvêa. DJSC 26.4.06, p. 302.

**2.8. Menor e atividade insalubre.** Por força do art. 7º, XXXIII, da CF, é vedado ao menor o trabalho em ambiente insalubre. Havendo trabalho em tais condições "o menor fará jus ao adicional de insalubridade, pois o preceito não pode ser interpretado em prejuízo da remuneração do próprio menor".(23)

**2.9. Cumulatividade de adicionais de insalubridade na hipótese da constatação de mais de um agente insalubre.** Há entendimento de que o trabalhador terá direito a tantos adicionais quanto forem os agentes insalubres. Argumenta-se que "os arts. 189 e 192, fonte normativa primária, não vedam a percepção cumulativa em decorrência da exposição simultânea que prejudica órgãos distintos do trabalhador." As Convenções ns. 148 (art. 83, do anexo A) e 155 (art. 11, alínea b, do anexo B), da OIT, ratificadas pelo Brasil dariam também embasamento para tal entendimento. É que, referidas Convenções ao estabelecer medidas de segurança e saúde aos trabalhadores, determinam que devam ser levados em consideração os riscos decorrentes da exposição simultânea a diversas substâncias ou agentes nocivos à saúde no local do trabalho.(24)

## Jurisprudência

*Ementa: Adicional de insalubridade. Existência de mais de um fator de insalubridade.* "No caso de incidência de mais de um fator de insalubridade, será apenas considerado o de grau mais elevado, para efeito de acréscimo salarial, sendo vedada a percepção cumulativa" (NR-15, item 15.3). TRT 12ª Reg. RO-V 01432-2004-033-12-00-5 – (Ac. 1ª T. 13496/06, 29.8.06) – Rel. Juiz Marcus Pina Mugnaini. DJSC 11.10.06, p. 82.

*Ementa: adicional de periculosidade. Adicional de insalubridade. Não cumulação.* Por expressa determinação do § 2º do art. 193, da CLT, ainda vigente, por compatível com as normas constitucionais, o empregado que se submete a riscos de periculosidade pode fazer a opção pelo adicional de insalubridade, se esse lhe for mais benéfico, o que implica dizer que o legislador considerou a possibilidade de cumulação do risco, mas descartou a da superposição de adicionais. A Convenção n. 155, da OIT, promulgada pelo Decreto n. 1.254/94, não prevê a possibilidade de cumulação dos adicionais e, por isso, mesmo tendo ingressado no nosso ordenamento pela ratificação, não revogou a disposição celetista mencionada. Ali tão-somente ficou determinado que sejam considerados os riscos para a saúde do empregado decorrentes de exposição simultânea a diversas substâncias e agentes

---

(23) MARTINS, Sérgio Pinto, Comentários à CLT, 10ª ed., São Paulo: Atlas, 2006, p. 210.
(24) JESUS, Paulo Roberto de Freitas, Adicional de insalubridade, Cumulação, Possibilidade jurídica. O Trabalho, 026, abril 1999, p. 616.

(art. 11, alínea b), o que não é incompatível com as normas celetistas ou com regulamentação respectiva vigente (Portaria n. 3.214/78 e Anexos). TRT 3ª Reg. RO 00628-2006-063-03-00-5 – (Ac. 2ª T.) – Rel. Des. Anemar Pereira Amaral. DJMG 21.3.07, p. 9.

**2.10. Inclusão do adicional de insalubridade na folha de pagamento.** O adicional de insalubridade é pago enquanto perdurar o trabalho em condições insalubres, o que possibilita a sua supressão nas hipóteses de eliminação do agente nocivo à saúde do empregado ou de transferência do empregado beneficiário para outro estabelecimento em que não há atividade em ambiente insalubre. Isso fez com que muitas empresas não incluíssem o seu valor na folha de pagamento. Entretanto, depois de muita controvérsia no judiciário trabalhista, o Tribunal Superior do Trabalho acabou por editar a OJ-SDI-1 n. 173, no sentido de que uma vez "condenada ao pagamento do adicional de insalubridade ou periculosidade, a empresa deverá inserir, mês a mês e enquanto o trabalho for executado sob essas condições, o valor correspondente em folha de pagamento".

*Jurisprudência*

TST, OJ-SDI-1 n. 173. Adicional de insalubridade ou periculosidade. Condenação. Inserção em folha de pagamento. Condenada ao pagamento do adicional de insalubridade ou periculosidade, a empresa deverá inserir, mês a mês e enquanto o trabalho for executado sob essas condições, o valor correspondente em folha de pagamento.

## 3. Adicional de insalubridade. Questões judiciais

**3.1. Causa de pedir e pedido. Agente insalubre diverso do indicado na inicial.** Os limites objetivos da lide estão alicerçados nos arts. 128 e 460 do CPC, de forma que o juiz deve julgar de acordo com o pedido e à causa de pedir. Entretanto, em caso de pedido de adicional de insalubridade, pode ocorrer de o agente agressivo apontado da inicial ser diverso daquele constatado pela perícia técnica. Isso ocorre porque o trabalho do perito (engenheiro ou médico) é técnico e as partes no processo só têm conhecimento aparente sobre os possíveis elementos nocivos à saúde. Mesmo o juiz se valerá da perícia técnica para formar a sua convicção. Neste contexto, decidindo o juiz com base em agente insalubre devidamente apurado na perícia técnica, ainda que diverso do apontado na inicial, não estará proferindo julgamento ultra ou extra petita. A matéria por sinal acha-se sumulada pelo TST. (Súmula n. 293)

*Jurisprudência*

TST, Súmula n. 293. Adicional de insalubridade. Causa de pedir. Agente nocivo diverso do apontado na inicial (mantida) – Res. n. 121/2003, DJ 19, 20 e 21.11.2003. A verificação mediante perícia de prestação de serviços em condições nocivas, considerado agente insalubre diverso do apontado na inicial, não prejudica o pedido de adicional de insalubridade.

**3.2. Prova e prova emprestada.** *V. art. 195.3.*

**3.3. Revelia.** Em caso de revelia (ausência do reclamado na audiência inicial, art. 844, da CLT), a prova pericial é indispensável, não prevalecendo, no caso, os efeitos da confissão normalmente admitida na hipótese. É que, a prova é técnica não só para caracterização da insalubridade, mas também para definição do seu grau e dos agentes causadores, exigindo, portanto, pessoa especializada, no caso, engenheiro ou médico do trabalho que são competentes para a elaboração do respectivo laudo pericial.

## Jurisprudência

*Ementa: Insalubridade. Revelia da reclamada. Laudo negativo.* Ainda que a reclamada seja revel, não se defere o adicional de insalubridade se o laudo pericial demonstrou que os EPIs fornecidos pela empresa eliminavam a insalubridade. TRT 12ª Reg. RO-V 00205-2004-028-12-00-7 – (Ac. 3ª T. 07146/06, 25.4.06) – Rel. Juiz Roberto Basilone Leite. DJSC 8.6.06, p. 291.

**3.4. Supressão em razão da eliminação do agente insalubre.** *V. art. 194.*

**3.5. Substituição processual.** *V. art. 195.*

**Art. 193** *São considerados atividades ou operações perigosas, na forma da regulamentação aprovada pelo Ministério do Trabalho, aquelas que, por sua natureza ou métodos de trabalho, impliquem o contato permanente com inflamáveis ou explosivos em condições de risco acentuado.*

*§ 1º – O trabalho em condições de periculosidade assegura ao empregado um adicional de 30% (trinta por cento) sobre o salário sem os acréscimos resultantes de gratificações, prêmios ou participações nos lucros da empresa.*

*§ 2º – O empregado poderá optar pelo adicional de insalubridade que porventura lhe seja devido.*

Esse artigo trata das atividades ou operações perigosas, como sendo aquelas que por sua natureza ou métodos de trabalho, impliquem o contato permanente com inflamáveis ou explosivos, em condições de risco acentuado.

É a NR-16 (Atividades e Operações Perigosas) que descreve quais são essas atividades e operações perigosas executadas com explosivos ou inflamáveis, nas condições de risco acentuado, como as constantes do Quadro I, do Anexo n. 1, dessa NR-16.

Portanto, o direito ao adicional de periculosidade está vinculado à existência de normas regulamentadoras expedidas pelo Ministério do Trabalho e Emprego ou de lei específica que classifiquem as atividades tidas por perigosas.

Na verdade, o tema da insalubridade, em maior número, e o da periculosidade, em número um pouco menor, são os que têm ocupado nossos tribunais tendo em vista os aspectos polêmicos doutrinários e, sobretudo, os levantados pelos laudos elaborados por peritos.

**1. Conceito e distinção da periculosidade em relação à insalubridade.** Existe uma distinção entre a periculosidade e a insalubridade. A respeito, afirma *Süssekind* que "a periculosidade se distingue da insalubridade, porque esta, enquanto não houver sido eliminada ou neutralizada, afeta continuadamente a saúde do trabalhador; já a periculosidade corresponde apenas a um risco, que não age contra a integridade biológica do trabalhador, mas que, eventualmente (sinistro), pode atingi-lo de forma violenta".[25]

Em relação à periculosidade também não há medição dos limites de tolerância ou avaliações quantitativas para o estabelecimento do grau e conseqüentemente a fixação do respectivo adicional.

Embora o art. 193 só se refira aos inflamáveis ou explosivos para configuração de atividades perigosas, o certo é que pela Lei n. 7.369/85 e pela Portaria n. 3.393/87, do Ministério do Trabalho, foram acrescentados como atividades perigosas a eletricidade e as radiações ionizantes. Em relação a estas ainda existem dúvidas porque há entendimento de que a referida Portaria foi editada sem que houvesse lei que lhe desse respaldo, mas a jurisprudência predominante tem sido pela sua validade já que expedida por força da delegação legislativa contida no art. 200, *caput*, VI, da CLT. A respeito, o TST editou a OJ-SDI-1 n. 345.

Mais recentemente o TST editou a OJ-SDI-1 n. 347 (DJ 25.4.07), dando maior alcance a Lei n. 7.369/85, que trata do sistema elétrico de potência para estender o direito do adicional de periculosidade aos empregados cabistas, instaladores e reparadores de linhas e aparelhos de empresas de telefonia, desde que, no exercício de suas funções, fiquem expostos a condições de risco equivalente ao do trabalho exercido em contato com sistema elétrico de potência. Referida Orientação está alicerçado em vários precedentes existentes naquela Corte.

## Jurisprudência

> TST, OJ-SDI-1 n. 345. Adicional de periculosidade. Radiação ionizante ou substância radioativa. Devido. DJ 22.6.05. A exposição do empregado à radiação ionizante ou à substância radioativa enseja a percepção do adicional de periculosidade, pois a regulamentação ministerial (Portarias do Ministério do Trabalho ns. 3.393, de 17.12.1987, e 518, de 7.4.2003), ao reputar perigosa a atividade, reveste-se de plena eficácia, porquanto expedida por força de delegação legislativa contida no art. 200, *caput*, e inciso VI, da CLT. No período de 12.12.2002 a 6.4.2003, enquanto vigeu a Portaria n. 496 do Ministério do Trabalho, o empregado faz jus ao adicional de insalubridade.

> TST, OJ-SDI-1 n. 347. Adicional de periculosidade. Sistema elétrico de potência. Lei n. 7.369, de 20.9.1985, regulamentada pelo Decreto n. 93.412, de 14.10.1986. DJ 25.4.07. Extensão do direito aos cabistas, instaladores e reparadores de linhas e

---

(25) Instituições de Direito do Trabalho, 22ª ed., Vol. II, São Paulo: LTr, 2005, p. 935.

aparelhos em empresa de telefonia. É devido o adicional de periculosidade aos empregados cabistas, instaladores e reparadores de linhas e aparelhos de empresas de telefonia, desde que, no exercício de suas funções, fiquem expostos a condições de risco equivalente ao do trabalho exercido em contato com sistema elétrico de potência.

*Ementa: Radiação ionizante. Adicional de periculosidade. Orientação Jurisprudencial n. 345 do TST.* A exposição do empregado à radiação ionizante ou à substância radioativa enseja a percepção do adicional de periculosidade, pois a regulamentação ministerial, mediante portaria que inseriu a atividade como perigosa, reveste-se de plena eficácia, porquanto expedida por força de delegação legislativa contida no art. 200, *caput*, VI, da CLT. TRT 12ª Reg. RO-VA 01151-2004-006-12-00-0 – (Ac. 2ª T. 01205/06, 06.12.05) – Relª Juíza Ione Ramos. DJSC 31.1.06, p. 256.

**2. Requisitos caracterizadores do adicional de periculosidade.** Segundo *Alexandre Demetrius Pereira*,[26] "Para que se tenha como configurada a periculosidade, nos termos da CLT, há que se ter concomitantemente as seguintes condições: – Existência no ambiente de trabalho de um dos quatros agentes acima mencionados (inflamáveis, explosivos, eletricidade e as radiações ionizantes) – Contato permanente com o agente perigoso e condições de risco acentuado". Adverte, no entanto, o autor que é "necessário, porém, que se defina o que é contato permanente com o agente perigoso. A lei não estabelece o que seja contato permanente, não diferenciando este último do contato intermitente e eventual" e conclui afirmando que "a distinção é de suma importância, pois enquanto os dois primeiros (contato permanente e intermitente) dão direito ao trabalhador de perceber o respectivo adicional, a última espécie de contato (eventual) exclui a referida percepção". Tais circunstâncias têm sido consideradas para determinação do trabalho em condições de periculosidade, conforme dispõe Súmula n. 364, I, do TST, que consta logo abaixo, na parte destinada à jurisprudência. Entretanto, quando se trata de atividades perigosas torna-se difícil estabelecer um critério definido sobre tempo de exposição e o risco respectivo, uma vez que o acidente pode acontecer em frações de segundo, daí porque é necessário a análise de cada caso pelo julgador quando posta a questão em juízo ou mesmo no âmbito administrativo.

## Jurisprudência

*TST, Súmula n. 364. Adicional de periculosidade. Exposição eventual, permanente e intermitente (conversão das Orientações Jurisprudenciais ns. 5, 258 e 280 da SBDI-1) – Res. 129/2005, DJ 20, 22 e 25.04.2005.*

*I –* Faz jus ao adicional de periculosidade o empregado exposto permanentemente ou que, de forma intermitente, sujeita-se a condições de risco. Indevido, apenas, quando o contato dá-se de forma eventual, assim considerado o fortuito, ou o que, sendo habitual, dá-se por tempo extremamente reduzido. (ex-OJs da SBDI-1 ns. 05 – inserida em 14.3.1994 – e 280 – DJ 11.8.2003)

---

(26) Tratado de Segurança e Saúde Ocupacional, Aspectos técnicos e jurídicos, nov./05, Vol. IV, NR-16 a NR-18, São Paulo: LTr, p. 17.

*II* – A fixação do adicional de periculosidade, em percentual inferior ao legal e proporcional ao tempo de exposição ao risco, deve ser respeitada, desde que pactuada em acordos ou convenções coletivos. (ex-OJ n. 258 da SBDI-1 – inserida em 27.9.2002)

*Ementa: Adicional de periculosidade. Tempo de exposição. Mensuração do risco.* Em certas atividades, o trabalho em condições de risco não comporta mensuração temporal para a percepção do adicional de periculosidade diante da possibilidade de ocorrência, a qualquer momento, mesmo no caso de intermitência, de fato nocivo e até irreparável à integridade física do trabalhador, mormente quando resulta evidente a impossibilidade de eliminação do risco, sempre presente e iminente. TRT 12ª Reg. RO-V 07894-2003-037-12-00-0 – (Ac. 1ª T. 06871/06, 18.4.06) – Rel. Juiz Garibaldi T. P. Ferreira. DJSC 5.6.06, p. 335

*Ementa: Embargos. Adicional de periculosidade. Troca de cilindro de gás GLP. Contato por cinco minutos de uma a cinco vezes por semana. Caracterizada a habitualidade e a intermitência. Violação do art. 896 da CLT não demonstrada.* Tendo o eg. Tribunal Regional afirmado que a exposição ao risco ocorria de uma a cinco vezes por semana, resta demonstrada a habitualidade tratada na Súmula n. 364 do c. TST, pois o contato não era fortuito, casual, mas decorria das próprias atividades desenvolvidas pelo reclamante. Por outro lado, a exposição ao risco, cinco minutos, era considerável e não configura tempo extremamente reduzido, pois a qualquer momento poderia ocorrer o sinistro, especialmente considerando o alto grau de periculosidade do agente, gás GLP. Precedente: E-ED-RR-657260/2000, DJ-21.10.2005, SBDI-1, Relª Ministra Maria Cristina Peduzzi. Embargos não conhecidos. TST-E-ED-RR-721.896/2001.8 – (Ac. SBDI1) – 3ª Reg. – Rel. Min. Aloysio Corrêa da Veiga. DJU 13.4.07, p. 1.107..

*Ementa: Adicional de periculosidade. Troca de cilindros de GLP. Exposição eventual.* A mera troca de cilindros de gás liquefeito de petróleo, usado em veículos de transporte de carga, não configura operação perigosa, devendo ser considerada eventual a exposição ao risco, nos termos do item I da Súmula n. 364 do Colendo TST. As normas regulamentares dispõem que o combustível utilizado para movimentação do veículo não caracteriza situação de risco, pois em caso contrário todos os motoristas teriam direito ao adicional. Se a presença constante do propelente não resulta em risco legalmente reconhecido, durante toda a duração da jornada, agravada pelos riscos do trânsito, muito menos poderá ser assim considerado o ato de mero reabastecimento. Trata-se de combustível seguro, de uso constante em residências, veículos de passeio e carga, inclusive aqueles licenciados para uso público (táxis e ônibus). O exagero na interpretação da lei deve ser evitado, para evitar o efeito contrário ao pretendido. TRT 3ª Reg. 00934-2005-026-03-00-0 – (Ac. 2ª T.) – Rel. Juiz Jales Valadão Cardoso. DJMG 3.5.06, p. 16.

*Ementa: Adicional de periculosidade. Risco acentuado. Caracterização.* Constitui-se em situação de "risco acentuado" (art. 193/CLT), a circunstância de o trabalhador realizar "a troca de cilindros de GLP – Gás Liquefeito de Petróleo" de empilhadeira a gás, em dias alternados, ainda que em tal mister haja o dispêndio de 5 a 10 minutos. Trata-se de atividade habitual, embora intermitente. O que constitui o risco não é o tempo de exposição, mas a natureza da própria atividade, sendo certo que se a exposição à situação de perigo em tempo integral não enseja a certeza do infortúnio, a intermitência da exposição habitual de curta duração também não confere a certeza da sua não ocorrência. Ambas as situações sujeitam-se às "leis da probabilidade", sem possibilidade de se fixar parâmetros a respeito de qual delas apresenta maior ou menor probabilidade infortunística. Também não se opera aqui a redução do adicional devido ao tempo de exposição, uma vez que a intensidade e as conseqüências de eventual infortúnio independem do tempo de exposição a perigo, mas da gravidade do perigo consumado. TRT 3ª Reg. RO 00397-2006-092-03-00-5 – (Ac. 3ª T.) – Rel. Juiz Antônio Gomes de Vasconcelos. DJMG 23.9.06, p. 5.

*Ementa: Adicional de periculosidade. Manutenção de elevadores.* I – Consolidou-se o entendimento neste Tribunal, por meio da Orientação Jurisprudencial n. 324 da SBDI-1, de que é assegurado o adicional de periculosidade apenas aos empregados que trabalham em sistema elétrico de potência em condições de risco, ou que o façam com equipamentos e instalações elétricas similares, que ofereçam risco equivalente, ainda que em unidade consumidora de energia elétrica. Nesse passo, infere-se das razões dedilhadas pelo Regional, que a atividade do autor de manutenção preventiva e corretiva de elevadores se desenvolvia junto a painéis energizados ou com risco de energização acidental, oferecendo risco equivalente ao labor em sistema elétrico de potência, pelo que é forçoso reconhecer o direito ao adminículo. II – Existem julgados desta Corte que, analisando especificamente o trabalho com manutenção de elevadores, deliberaram pela existência de labor em circunstâncias similares às verificadas nos sistemas elétricos de potência. Recurso de revista provido.TST – RR-44.086/2002-902-02-00.8 – (Ac. 4ª T.) – 2ª Reg. – Rel. Min. Antônio José de Barros Levenhagen. DJU 11.4.06, p. 731.

*Ementa: Motorista. Caminhão tanque. Transporte perigoso.* Comprovado por meio de documentos emitidos pela própria empresa, que os produtos transportados pelo autor, gases ou líquidos, necessitam de cuidados em decorrência de risco em potencial, havendo inclusive curso de formação para transporte de referidos produtos, devido o adicional de periculosidade. Nego provimento. *Integração diárias para viagens.* Não havendo controvérsia acerca de pagamento superior a 50% do salário, de verba a título de diárias para viagem, relativas a gastos com refeições, pernoite e café da manhã, devem ser integrados à remuneração do autor, conforme previsto nos §§ 1º e 2º do art. 457 da CLT e entendimento pacificado na Súmula n. 101 do C. TST. Nego provimento. TRT 2ª Reg. RO 01005200143302001 – (Ac. 3ª T. 20060030644) – Rel. Juiz Decio Sebastião Daidone. DJSP 7.2.06, p. 243.

*Ementa: Adicional de periculosidade. Eletricidade. Tempo de exposição. Eventualidade. Intermitência.* Havendo regular ingresso na área de risco (duas horas por mês), está configurada a intermitência a justificar o deferimento do adicional de periculosidade e não eventualidade. A exposição eventual é fortuita, não habitual, esporádica e sem previsibilidade, o que não era o caso dos autos, visto que havia uma periodicidade no ingresso dos reclamantes na área de risco. O empregado exposto de forma intermitente a condições de risco em cabine de distribuição de energia elétrica tem direito ao adicional de periculosidade. Assim é porque o ingresso regular na área de risco, ainda que por duas horas ao mês, não consubstancia contato eventual, ou seja, acidental, casual, fortuito. Trata-se de contato intermitente, com risco potencial de dano efetivo. Nesse caso, o tempo da exposição ao risco é irrelevante, pois está sujeito ao dano tanto o empregado que permanece por longo tempo na área como o que regularmente permanece por pouco tempo, dada a imprevisibilidade do evento. Recurso de Embargos de que se conhece e a que se dá provimento. TST-E-RR-508.075/1998.3 – (Ac. SBDI1) – 15ª Reg. – Rel. Min. João Batista Brito Pereira. DJU 17.3.06, p. 898.

*Ementa: Adicional de periculosidade. Comissário de bordo. Abastecimento de aeronave.* Não faz jus a adicional de periculosidade empregado que se mantém dentro da aeronave quando a mesma está sendo abastecida; a NR-16, em seu anexo 2, item 3 é de interpretação inequívoca quando se refere à qual atividade o adicional é devido, ou seja, à atividade específica de abastecimento de aeronave e engloba somente a área de operação, significa dizer, abrange os abastecedores e as pessoas que trabalham próximas à área onde ocorre de fato a atividade; tais especificações interpretadas em conjunto com o final do *caput* do art. 193 da CLT que se refere a "condições de risco acentuado", e ainda ao fato dos passageiros serem mantidos, muitas das vezes, no interior das aeronaves, não deixa dúvidas de que o referido adicional não é devido pois não se enquadra na normatividade que regulamenta a matéria; portanto mesmo com laudo técnico positivo, o pedido improspera. TRT 2ª Reg. RO 02805200031302006 – (Ac. 2ª T. 20060035727) – Relª Juíza Rosa Maria Zuccaro. DJSP 14.2.06, p. 40

**3. Natureza jurídica salarial**. A natureza do adicional de periculosidade só pode ser salarial, a exemplo do que foi exposto no art. 193, item 2.1, do artigo anterior em que tratamos do adicional de insalubridade, porque oriundo da mesma base constitucional (art. 7º, XXIII, da CF).

**4. Base de cálculo. Regra geral e dos eletricitários** (Lei n. 7.369/85). O adicional devido aos empregados, se não tomadas às medidas técnicas para a eliminação ou neutralização da periculosidade, quando possíveis, será de 30% (trinta por cento) sobre o salário (não o mínimo), sem os acréscimos resultantes de gratificações, prêmios ou participações nos lucros da empresa. Nesse sentido, a Súmula n. 191, do TST. Entretanto, em se tratando de eletricitários, por força da Lei n. 7.369/85, o adicional de periculosidade é devido integralmente ainda que o trabalho seja executado de forma intermitente, já que nela não foi estabelecida qualquer proporcionalidade em relação ao seu pagamento. "Argumenta-se que a periculosidade se caracteriza por consubstanciar risco cuja potencialidade se exaure em frações de segundo, podendo neste pequeno intervalo ceifar a vida do trabalhador. Assim, tanto está sujeito ao risco aquele que permanece durante toda sua jornada em contato com o risco, como aquele que se expõe a tal situação durante algumas horas do dia de trabalho".[27] A Súmula n. 361 do TST, consagra esse entendimento, conforme se verifica pelo seu texto que se encontra na parte destinada á jurisprudência.

## Jurisprudência

*TST, Súmula n. 70. Adicional de periculosidade (mantida) – Res. n. 121/2003, DJ 19, 20 e 21.11.2003.* O adicional de periculosidade não incide sobre os triênios pagos pela Petrobrás.

*TST, Súmula n. 191. Adicional. Periculosidade. Incidência (nova redação) – Resolução n. 121/2003, DJ 19, 20 e 21.11.2003.* O adicional de periculosidade incide apenas sobre o salário básico e não sobre este acrescido de outros adicionais. Em relação aos eletricitários, o cálculo do adicional de periculosidade deverá ser efetuado sobre a totalidade das parcelas de natureza salarial.

*TST, Súmula n. 361. Adicional de periculosidade. Eletricitários. Exposição intermitente (mantida) – Resolução n. 121/2003, DJ 19, 20 e 21.11.2003.* O trabalho exercido em condições perigosas, embora de forma intermitente, dá direito ao empregado a receber o adicional de periculosidade de forma integral, porque a Lei n. 7.369, de 20.9.1985, não estabeleceu nenhuma proporcionalidade em relação ao seu pagamento.

*TST, OJ-SDI-1 n. 259. Adicional noturno. Base de cálculo. Adicional de periculosidade. Integração. Inserida em 27.9.02.* O adicional de periculosidade deve compor a base de cálculo do adicional noturno, já que também neste horário o trabalhador permanece sob as condições de risco.

*TST, OJ-SDI-1 n. 279. Adicional de periculosidade. Eletricitários. Base de cálculo. Lei n. 7.369/85, art. 1º. Interpretação. DJ 11.8.03.* O adicional de periculosidade dos eletricitários deverá ser calculado sobre o conjunto de parcelas de natureza salarial.

*Ementa: Embargos. Recurso de revista. Adicional de periculosidade. Eletricitário. Lei n. 7.369/85. Base de cálculo.* O adicional de periculosidade, para o empregado eletricitário, está livre das exclusões previstas no § 1º do art. 193 da CLT, ante a norma contida no § 1º da Lei n. 7.369/85, cuja disposição expressa é que, no caso do exercício de atividade no setor de energia elétrica, o adicional de periculosidade deve incidir sobre o salário que o empregado perceber (Orientação Jurisprudencial n. 279/SBDI-1 e Súmula n. 191/TST). Embargos não conhecidos. TST-E-RR-485.580/1998.8 – (Ac. SBDI1) – 9ª Reg. – Rel. Min. Carlos Alberto Reis de Paula. DJU 13.4.07, p. 1.101

**5. Integração ao salário.** O adicional de periculosidade, como verba de natureza salarial integra o salário para efeito de cálculo de indenização, de horas extras, de 13º salário, de férias, de adicional noturno, de repouso semanal remunerado (apenas

---

(27) PEREIRA, Alexandre Demetrius, ob. cit., p. 29.

quando o salário for pago por dia efetivamente trabalhado; se mensal, o repouso semanal remunerado já estará embutido no respectivo salário) e FGTS. (Súmula n. 132, I, do TST)

*Jurisprudência*

> TST, Súmula n. 132 Adicional de Periculosidade. Integração (incorporadas as Orientações Jurisprudenciais ns. 174 e 267 da SBDI-1) – Res. n. 129/2005, DJ 20, 22 e 25.4.2005. I – O adicional de periculosidade, pago em caráter permanente, integra o cálculo de indenização e de horas extras (ex-Prejulgado n. 3). (ex-Súmula n. 132 – RA 102/1982, DJ 11.10.1982/ DJ 15.10.1982 – e ex-OJ n. 267 da SBDI-1 – inserida em 27.9.2002). II – Durante as horas de sobreaviso, o empregado não se encontra em condições de risco, razão pela qual é incabível a integração do adicional de periculosidade sobre as mencionadas horas. (ex-OJ n. 174 da SBDI-1 – inserida em 8.11.2000)

> Ementa: Adicional de periculosidade. Integração na base de cálculo das horas extras. O adicional de periculosidade se reveste de natureza salarial, uma vez que configura parcela habitualmente percebida pelo empregado e que se incorpora ao salário para todos os efeitos legais, especialmente para compor a base de cálculo das horas extras, rotineiramente laboradas. Considerando-se que o empregado recebe o adicional em tela na jornada normal, cabe o mesmo em relação ao serviço suplementar, quando os riscos são mantidos e eventualmente, potencializados pelo cansaço que de ordinário se abate após a jornada ordinária. De se registrar que o art. 193, par. 1º da CLT, ao cuidar da matéria, excluiu apenas os acréscimos resultantes de gratificações, prêmios ou participação nos lucros da empresa. Portanto, o adicional de periculosidade deve ser somado ao salário básico para o cálculo de horas extras e adicional noturno. TRT 2ª Reg. RO 02784200406902002 – (Ac. 4ª T. 20070242920) – Rel. Juiz Paulo Augusto Camara. DJSP 20.4.07, p. 101.

**6. Inclusão do adicional de periculosidade na folha de pagamento.** Aplica-se a mesma regra adotada para o adicional de insalubridade, de forma que nos reportamos ao item 2.10 do art. 192, da CLT, esclarecendo-se que matéria é disciplinada na OJ-SDI-1 n. 173, do TST, a qual estabelece que "condenada ao pagamento do adicional de insalubridade ou periculosidade, a empresa deverá inserir, mês a mês e enquanto o trabalho for executado sob essas condições, o valor correspondente em folha de pagamento".

**7. Horas de sobreaviso.** Durante o período de sobreaviso em que o trabalhador fica fora do local de risco, não é devido o adicional de periculosidade, cuja questão está pacificada na Súmula n. 132, II, já transcrita no item 5, ao qual nos reportamos.

*Jurisprudência*

> Ementa: Adicional de periculosidade. Repercussão. Horas de sobreaviso. 1. O Tribunal Superior do Trabalho considera que, durante as horas de sobreaviso, o empregado não se encontra em condições de risco, razão pela qual é incabível a integração

do adicional de periculosidade sobre as mencionadas horas (Súmula n. 132 do TST). 2. Encontra-se de sobreaviso o empregado que permanece em sua residência, ou em outro local de prévio conhecimento do empregador, aguardando eventuais convocações para execução de serviços. Não se acha, assim, exposto às condições de risco, mesmo porque, se assim o tivesse, não se cogitaria de horas de sobreaviso, mas, sim, de horas de serviço efetivamente prestadas. 3. A ausência de exposição ao agente perigoso é ínsita ao regime de sobreaviso, porquanto o empregado, nessas circunstâncias, simplesmente aguarda ordens de seu empregador para, somente depois, quando convocado, deslocar-se até o local de trabalho. 4. Agravo de instrumento a que se nega provimento. TST-AIRR-1.204/1998-411-04-41.2 – (Ac. 1ª T.) – 4ª Reg. – Rel. Min. João Oreste Dalazen. DJU 20.4.06, p. 806.

**8. Opção por um dos adicionais (insalubridade e periculosidade). Momento da opção.** Dispõe o parágrafo segundo do artigo em análise que o empregado poderá optar pelo adicional de insalubridade que porventura lhe seja devido. O que ocorre na prática é do empregado postular na inicial os dois adicionais, insalubridade e periculosidade ou então de apenas um deles. No laudo pericial, no entanto, são constatados os dois adicionais e como a lei impede a sua acumulação, cabe ao trabalhador beneficiário escolher um deles. A dúvida que surge é saber qual o momento em que opção poderá ser feita. *Sérgio Pinto Martins*, entende que "o momento da opção ao adicional é após a realização da perícia e antes da sentença. Não será possível relegar tal questão para execução em razão dos limites da coisa julgada".[28] Embora esse seja um raciocínio lógico e fácil de ser solucionado pelo Juiz já que bastaria apenas a concessão de prazo para que o autor se manifestasse a respeito, quer nos parecer que a melhor interpretação é aquela que permite a opção após o trânsito em julgado. Só para justificar esse posicionamento imaginemos que o reclamante faça a opção pelo adicional de insalubridade antes da sentença e com base nela o juiz decida, ficando a questão delimitada quanto ao adicional pretendido e vinculada à eventual recurso da parte da adversa. Em assim acontecendo o Tribunal, acolhendo o recurso do empregador poderá afastar o pedido de adicional de insalubridade, hipótese em que obreiro nada receberá em virtude da opção feita antecipadamente, o que não nos afigura correto. Daí porque a jurisprudência predominante tem sido no sentido de que a opção poderá ser feita após o trânsito em julgado e sem nenhum prejuízo para o processo.

## Jurisprudência

*Ementa: Adicional de insalubridade e periculosidade. Momento da opção.* Ao tratar de opção entre adicional de insalubridade e periculosidade (art. 193, §2º, CLT), obviamente o legislador considerou a escolha entre dois direitos. Ocorre que o direito aos adicionais de periculosidade ou insalubridade, só ganha efetividade quando declarado e constituído em decisão judicial transitada em julgado, em processo trabalhista instruído por meio de laudo pericial (art. 195, CLT). A rigor, para que se dê cumprimento ao comando legal que dispõe sobre a escolha entre os dois direitos, ao litigante se assegura apresentar na inicial as duas pretensões (periculosidade e insalubridade), sendo até mais apropriado que faça a opção

---

(28) Comentários à CLT, 10ª ed., 2006, São Paulo: Atlas, p. 213.

depois do trânsito em julgado, por ocasião da liquidação da decisão exeqüenda, vez que o que não se assegura é a percepção cumulativa dos adicionais. A imposição ao reclamante, do exercício da obrigação de escolher o adicional pretendido desde a propositura da ação, ou que faça a opção antes da apresentação do laudo, poderia produzir situação insólita, na hipótese de que em grau de recurso venha a inverter-se o resultado, reconhecendo o Tribunal o fator de risco correspondente àquele adicional do qual o autor foi levado a abdicar prematuramente. *In casu*, tendo o reclamante exercido a opção ainda na fase cognitiva, após a feitura do laudo, não há que se falar em nulidade pela formulação de dúplice pedido, devendo ser mantida a condenação no adicional de periculosidade em face do reconhecimento do risco através da perícia. TRT 2ª Reg. RO 0598199805302004 – (Ac. 4ª T. 20060093433) – Rel. Juiz Ricardo Artur Costa e Trigueiros. DJSP 10.3.06, p. 130.

**9. Redução do adicional de periculosidade pela negociação coletiva.** O Tribunal Superior do Trabalho tem admitido a possibilidade da fixação do adicional de periculosidade em valor inferior ao da lei, com fulcro no art. 7º, VI, da CF, que permite a redução de salário por intermédio de negociação coletiva. A matéria por sinal é sumulada pelo TST (Súmula n. 364). Existe, no entanto, decisão de Tribunal Regional que considera inválida qualquer acordo coletivo que disponha sobre proporcionalidade do pagamento do adicional de periculosidade, em relação ao tempo de exposição ao risco já que o direito à saúde, como complemento do direito à vida, não pode ser objeto de qualquer negociação, já que se trata de direito fundamental indisponível, garantido pela Constituição da República.

## Jurisprudência

*TST, Súmula n. 364. Adicional de periculosidade.* Exposição eventual, permanente e intermitente (conversão das Orientações Jurisprudenciais ns. 5, 258 e 280 da SBDI-1) – Res. 129/2005, DJ 20, 22 e 25.04.2005.

I – .................................................................................................................

II – A fixação do adicional de periculosidade, em percentual inferior ao legal e proporcional ao tempo de exposição ao risco, deve ser respeitada, desde que pactuada em acordos ou convenções coletivos. (ex-OJ n. 258 da SBDI-1 – inserida em 27.9.2002)

*TST, OJ-SDI- (Transitória n. 12) CSN. Adicional de insalubridade e de periculosidade. Salário complexivo. Prevalência do acordo coletivo.* Inserida em 19.10.00 (inserido dispositivo, DJ 20.4.2005) O pagamento do adicional de insalubridade e periculosidade embutido no salário contratual dos empregados da CSN não caracteriza a complexividade salarial, uma vez que essa forma de pagamento decorre de acordo coletivo há muitos anos em vigor.

*Ementa: 1 – Adicional de periculosidade "proporcionalidade – tempo de exposição ao risco". Mapeamento. Previsão em acordo coletivo.* Se por um lado, as cláusulas coletivas ajustadas em acordos legitimamente firmados entre o sindicato da categoria profissional e a empresa, como atos livres e voluntários, devem ser observadas e fielmente cumpridas, surtindo seus jurídicos e legais efeitos, por força do art. 7º, XXVI, da Constituição da República, é certo que o direito à saúde é o complemento imediato do dircito à vida e não pode ser objeto de qualquer negociação, já que se trata de direito fundamental indisponível, garantido pela Constituição da República e pelos tratados internacionais ratificados pelo Brasil. Não obstante tenha a Constituição da República reconhecido a negociação entre os sindicatos das categorias profissional e econômica como normas reguladoras do trabalho, conforme está expresso no art. 7º, inciso XXVI, deve ser respeitado o mínimo legal garantido. O art. 195 da CLT não autoriza o pagamento do adicional de periculosidade proporcionalmente ao tempo de exposição ao risco e segundo o En. n. 361 do Col. TST, o trabalho exercido em condições perigosas, ainda que de forma intermitente, dá direito ao empregado a receber o adicional de periculosidade de forma integral, tendo em vista que a Lei n. 7.369/85 não estabeleceu qualquer proporcionalidade em relação ao seu pagamento. Ora, se assim é, inválida se mostra qualquer acordo coletivo que disponha sobre proporcionalidade do pagamento do adicional de periculosidade, em relação ao tempo de exposição ao risco, posto que, como já salientado, reprise-se, o direito à saúde, como complemento do direito à vida, não pode ser objeto de qualquer negociação, já que se trata de direito fundamental indisponível, garantido pela Constituição da República. TRT 3ª Reg. RO 00823-2006-033-03-00-3 – (Ac. 4ª T.) – Rel. Des. Júlio Bernardo do Carmo. DJMG 27.1.07, p. 12.

*Ementa: Adicional de periculosidade. Regras estipuladas em acordo coletivo de trabalho. Validade.* São válidas normas estipuladas em acordo coletivo de trabalho, principalmente quando confirmadas em audiência de mediação formalizada perante o Ministério Público do Trabalho, prevendo condições diferenciadas para o pagamento do adicional de periculosidade, bem como o parcelamento do débito negociado referente a período anterior, o que persiste até a quitação final mesmo para o empregado cujo contrato de trabalho tenha sido extinto, como expressamente avençado. TRT 18ª Reg. RO 01194-2006-013-18-00-2 – (Ac. 2ª T.) – Rel. Des. Gentil Pio de Oliveira. DJE n. 35, 26.3.07, p. 3.

**10. Empregados que operam em bomba de gasolina.** Os empregados que operam em bomba de gasolina têm direito ao adicional de periculosidade, em virtude dos riscos que podem acarretar ao executante da função. A matéria é sumulada no STF, n. 212 e no TST, n. 39.

## Jurisprudência

*STF, Súmula n. 212.* Tem direito ao adicional de serviço perigoso o empregado de posto de revenda de combustível líquido.

*TST, Súmula n. 39.* Os empregados que operam em bomba de gasolina têm direito ao adicional de periculosidade (Lei n. 2.573. de 15.8.55).

**11. Empregados que trabalham dentro de edifício que armazena líquido inflamável. Direito do adicional. Todos os empregados.** Muitas vezes as atividades perigosas ocorrem no próprio local de trabalho ou então em locais bem próximos e por essa razão existem decisões que conferem o direito ao adicional de periculosidade a todos os empregados que trabalharem no local sujeito a riscos. A NR-16 da Portaria n. 3.214/78, aduz que toda a área interna de um recinto fechado fica exposta ao risco e visou por certo proteger o maior número de empregados que circulassem no ambiente de trabalho. Nesse sentido, decisão do TST que consta da parte destinada à jurisprudência.

### Jurisprudência

> *Ementa: Adicional de periculosidade. Desenvolvimento de atividades dentro de edifício que armazena líquido inflamável.* Direito ao adicional para todos os empregados da reclamada que laboram no edifício. 1. O art. 193 da CLT atribuiu ao Ministério do Trabalho a regulamentação das atividades ou operações perigosas, nos locais onde há contato com inflamáveis ou explosivos em condições de risco acentuado. Por força do aludido preceito, o Ministério do Trabalho editou 32 normas regulamentadoras, todas visando a tornar saudável e seguro o ambiente de trabalho. 2. O Ministério do Trabalho considerou, na NR-6 da Portaria n. 3.214/78, que toda a área interna de um recinto fechado fica exposta ao risco. 3. Ora, se a norma regulamentadora alude a "toda a área interna do recinto", por certo que visou a proteger o maior número de empregados que circulassem no ambiente de trabalho. Ademais, tratando-se de edifício em construção vertical, não se sabe se a laje de separação de andares é suficiente para isolar o dano decorrente de virtual explosão. 4. Assim, ainda que o Reclamante trabalhe fora da área onde se encontravam os reservatórios de óleo diesel, faz jus ao adicional de periculosidade, conforme precedentes desta Corte. Recurso de revista parcialmente conhecido e desprovido. TST-RR-1.093/2003-066-02-00.1 – (Ac. 4ª T.) – 2ª Reg. – Rel. Min. Ives Gandra Martins Filho. DJU 2.3.07, p. 1.171.

**Art. 194** *O direito do empregado ao adicional de insalubridade ou de periculosidade cessará com a eliminação do risco à sua saúde ou integridade física, nos termos desta Seção e das normas expedidas pelo Ministério do Trabalho.*

Esse dispositivo esclarece o óbvio, ou seja, uma vez cessada as causas que geram a insalubridade e/ou a periculosidade, cessado estará, por via de conseqüência, os adicionais respectivos.

A própria Súmula n. 248, do TST, deixa claro que "A reclassificação ou descaracterização da insalubridade, por ato da autoridade competente, repercute na satisfação do respectivo adicional, sem ofensa a direito adquirido ou ao princípio da irredutibilidade salarial".

Vale dizer que o direito ao adicional de insalubridade ou periculosidade está ligado à existência do trabalho em condições adversas ao trabalhador pela presença de agentes nocivos a sua saúde ou então sujeito a riscos que torna a sua atividade perigosa. Neutralizada o agente insalubre ou o trabalho em condições de periculosidade, o adicional respectivo deixa de ser devido. Da mesma forma, se houver nova classificação pelo MTE, com redução da insalubridade, o adicional poderá ser reduzido, por exemplo, do grau máximo de 40% para o mínimo que é 10%, sem que com isso configurasse redução salarial. Na verdade, o salário continua o mesmo, o adicional é que é reduzido.

É de se ressaltar que o adicional de insalubridade é pago enquanto presente o trabalho em condições de insalubridade. É um direito de caráter continuativo, de forma que tão-somente na ocorrência na mudança das condições de trabalho e devidamente comprovado que houve a eliminação ou neutralização dos efeitos dos agentes noviços à saúde do obreiro é que poderá ser cessado o seu pagamento.

Em se tratando de decisão judicial reconhecendo o direito ao adicional de insalubridade ou de periculosidade há coisa julgada e, nesse caso, se houver mudança das condições de trabalho só por ação revisional (Art. 471, I, do CPC) o adicional poderá ser alterado ou suprimido.

## Jurisprudência

*Ementa: Adicional de periculosidade. Execução. Mudança das condições de trabalho.* Somente em ação revisional a parte poderá pedir alteração da coisa julgada (inc. I do art. 471 do CPC). TRT 12ª Reg. AG-PET 03724-1997-036-12-00-1 – (Ac. 2ª T. 00817/07, 21.11.06) – Rel. Juíza Ione Ramos. TRT-SC/DOE 9.2.07.

*Ementa: Ação revisional. Adicional de insalubridade.* O efeito da sentença que o declara indevido somente se dá com o trânsito em julgado, permanecendo incólume a condenação até então (art. 471, I, CPC) – Honorários periciais são pagos pela requerente (art. 33 do CPC). TRT 2ª Reg. RO 01528200246402007 – Ac. 7ª T. 20050815185) – Relª Juíza Catia Lungov. DJSP 25.11.05, p. 3.

*Ementa: Adicionais de insalubridade e periculosidade pagos com fundamento em levantamento pericial positivo realizado por ato do empregador. Supressão do pagamento sem novo laudo negativo. Ilegalidade.* Sendo os adicionais de insalubridade e periculosidade pagos aos servidores do município demandado em decorrência de perícia técnica que detectou o trabalho em condições insalubres e periculosas, seu pagamento somente pode ser suprimido após a realização de nova perícia técnica na qual se conclua alteradas as funções ou não mais presentes condições que legitimam as vantagens. TRT 4ª Reg. REO n. 00859-2005-231-04-00-4 – (Ac. 4ª T.) – Rel. Juiz Milton Varela Dutra. DOE/RS: 28.3.2007.

*Ementa: Recurso ordinário em ação revisional. Adicional de insalubridade.* Não se trata, no caso em exame, de alteração definitiva das condições de trabalho do réu-recorrente mas sim de mera transferência provisória que atendeu, também, aos interesses do empregador, conforme se verifica através das considerações tecidas a fim de justificar a instituição do alegado Acordo Coletivo. Em tais condições, torna-se inaplicável a norma geral de que o direito à percepção do adicional de insalubridade cessa com a eliminação dos riscos à saúde ou integridade física do empregado, assim como não vige aqui o princípio de que sem trabalho não há remuneração. Na verdade, as partes avençaram a manutenção do patamar remuneratório sem atentar para o implemento de requisitos habitualmente exigíveis, tais como condições ambientais ou mesmo a própria prestação de serviços. Portanto, não há que se cogitar em exclusão do direito ao adicional de insalubridade, sob pena de violação ao espírito que norteou toda a negociação e o ajuste celebrado, sob pena de violação à vontade das partes. TRT 2ª Reg. RO 20060265331 – (Ac. 12ª T. 20070155237) – Rel. Juiz Marcelo Freire Gonçalves. DJSP 23.3.07.

**Art. 195** A caracterização e a classificação da insalubridade e da periculosidade, segundo as normas do Ministério do Trabalho, far-se-ão através de perícia a cargo de Médico do Trabalho ou Engenheiro do Trabalho, registrados no Ministério do Trabalho.

*§ 1º – É facultado às empresas e aos sindicatos das categorias profissionais interessadas requererem ao Ministério do Trabalho a realização de perícia em estabelecimento ou setor deste, com o objetivo de caracterizar e classificar ou delimitar as atividades insalubres ou perigosas.*

*§ 2º – Argüida em juízo insalubridade ou periculosidade, seja por empregado, seja por sindicato em favor de grupo de associados, o juiz designará perito habilitado na forma deste artigo, e, onde não houver, requisitará perícia ao órgão competente do Ministério do Trabalho.*

*§ 3º – O disposto nos parágrafos anteriores não prejudica a ação fiscalizadora do Ministério do Trabalho, nem a realização ex officio da perícia.*

Trata esse artigo da caracterização ou da classificação da insalubridade ou da periculosidade, por um único meio: a perícia a cargo de Médico do Trabalho ou Engenheiro do Trabalho.

A perícia também poderá ser realizada por determinação do Poder Judiciário quando ajuizada ação com pleito de adicional de insalubridade ou de periculosidade. Na pratica é a que mais ocorre.

**1. Perícia. Competência para a elaboração do laudo pericial.** Pelo *caput* desse dispositivo, concluía-se que, a ordem posta nele, era a de que a insalubridade seria caracterizada ou classificada por Médico do Trabalho e a periculosidade, por Engenheiro do Trabalho. No entanto, não é esse o entendimento do Judiciário, conforme OJ-SDI-1/TST n. 165, do seguinte teor: "O art. 195, da CLT não faz nenhuma distinção entre o médico e o engenheiro para efeito de caracterização e classificação da insalubridade e periculosidade, bastando para a elaboração do laudo que seja o profissional devidamente qualificado".

**2. Prova da insalubridade e da periculosidade.** Ensina *Cândido Rangel Dinamarco* que "a ordem processual conta com a vontade dos litigantes, como mola propulsora que induz cada um deles a participar ativamente do processo mediante atos destinados a gerar resultados favoráveis" e acrescenta ainda "o primeiro e mais amplo de todos os ônus impostos a ambas as partes é o *de afirmar*. O autor tem o ônus de afirmar suas razões para demandar adequadamente, sob pena de sequer abrir caminho para a tutela jurisdicional. O réu tem o de fazer afirmações contrárias às do autor, com as quais estabelece controvérsias no processo e convida o Juiz a decidir conforme a prova e sua convicção".[29]

No caso de pedido de adicional de insalubridade ou de insalubridade, a perícia é técnica, e como já vimos poderá ser feita por médico ou engenheiro ou então por pessoa qualificada para tanto. A verdade é que o Juiz valerá sempre das informações constantes do laudo pericial, uma vez que se trata de prova indispensável para a configuração do trabalho em condições insalubres ou de periculosidade.

É importante assinalar que o julgador não poderá dispensar a perícia técnica para fazer o julgamento da lide, conforme se verifica pela seguinte decisão:

> *Ementa: Embargos em recurso de revista não conhecido. Violação ao art. 896 da CLT. Adicional de periculosidade. Prova pericial.* A circunstância de a unidade industrial haver sido desativada na localidade em que trabalhavam os representados pelo sindicato-reclamante, não impede a produção da prova técnica, mormente em face da norma legal que impõe ao Juiz sua realização. Recurso de Embargos conhecido e provido. TST-E-RR-327757/96 – (Ac. SBDI-I) – 8ª Reg. – Red. Desig. Min. João Batista Brito Pereira. DJU 17.8.01, p. 705.

De outra parte, o laudo pericial não pode ser apreciado isoladamente pelo Juízo, mas em conjunto com todas as provas produzidas nos autos sobre o fato jurígeno, no caso, os depoimentos das partes, das testemunhas e de documentos se houver. Muitas vezes poderá ocorrer de o ambiente de trabalho ser insalubre e nele não ter trabalhado o reclamante, como também ocorrer de o trabalhador postulante ser um dos que utilizam adequadamente os EPIs e com isso neutralizados os agentes noviços à saúde.

Às partes do processo trabalhista é facultado o requerimento ao Ministério do Trabalho e a realização de perícia para delimitar a insalubridade ou a periculosidade.

Essa faculdade prevista nesse artigo atenderia melhor as partes, quanto aos seus ônus, ao processo por partir de laudos oficiais.

Contudo, o número elevado de processos e o número muito pequeno de profissionais habilitados nas Delegacias Regionais do Trabalho, acabou por tornar inoperante a faculdade aberta pelo parágrafo 1º desse art. 195, mesmo porque, como previsto no parágrafo 2º, o Juiz pode requisitar perícia oficial nas localidades onde não houver perito habilitado para ser indicado judicialmente.

Registramos, por último, que no tocante a perícia, recentemente o Conselho Superior da Justiça do Trabalho editou a Resolução n. 35, de 23 de março de 2007, (DJ 19.4.07) que regula, no âmbito da Justiça do Trabalho de Primeiro e Segundo Graus, a responsabilidade pelo pagamento e antecipação de honorários periciais, no

---

(29) Instituições de Direito Processual Civil, vol. III, 2001, São Paulo: Malheiros, p. 527.

caso de concessão à parte do benefício de justiça gratuita. É uma medida louvável e salutar, já que garante o pagamento dos serviços prestados pelo perito no caso do trabalhador ser beneficiário da justiça gratuita e o laudo técnico não lhe for favorável, o que antes não acontecia. Espera-se, no entanto, que na prática, esse procedimento traga o resultado desejado.

**3. Prova emprestada.** Adicional de insalubridade ou periculosidade. Nos processos que envolvem o pedido de adicional de insalubridade ou periculosidade perante o judiciário trabalhista tem sido muito utilizada a prova emprestada que nada mais é do que "o aproveitamento de prova produzida em um processo e que se amolda a outro, guarda a identidade de relações jurídicas controvertidas e desde que uma das partes seja a mesma ou haja conexão de fatos e direitos nos dois processos".[30] A razão desse procedimento esta na extinção do setor ou da empresa e com isso sendo impossibilitando a realização da prova como desejada de forma que o perito se utiliza de informações constantes de outros processos e que sejam pertinentes com os fatos postos em juízo. A matéria já está disciplinada na OJ-SDI-1 do TST n. 278, que assim dispõe:

"*Adicional de insalubridade. Perícia. Local de trabalho desativado.* DJ 11.8.03. A realização de perícia é obrigatória para verificação da insalubridade. Quando não for possível sua realização, como em caso de fechamento da empresa, poderá o julgado utilizar-se de outros meios de prova".

Analisamos a seguir os casos mais freqüentes de prova emprestada que envolve pedido de adicional de insalubridade ou periculosidade.

**3.1. Empresa extinta.** Normalmente, em se tratando de empresa que encerrou a sua atividade, não haveria como se fazer a perícia técnica exigida no art. 195, da CLT, para dar respaldo ao pedido de adicional de insalubridade ou de periculosidade, já que não haveria como avaliar as condições reais da prestação dos serviços e os agentes agressores à saúde do trabalhador. As partes em tal situação, de comum acordo, poderão utilizar-se da prova emprestada, mas ela deve ser avaliada pelo juiz, atendo-se ao momento, modo, lugar em que foi produzida, além de outros elementos que lhe sirvam de convicção, conforme a seguinte decisão do Colendo TST:

*Ementa: Adicional de insalubridade. Prova emprestada.* A utilização de prova emprestada não é vedada expressamente por qualquer dispositivo legal. A celeridade e a economia processuais, princípios regentes do Processo do Trabalho, justificam a utilização desse tipo de prova. A prova emprestada não se contrapõe à exigência legal de realização da perícia para a apuração da insalubridade. A matéria envolve a aplicação dos princípios gerais da prova, orientados no sentido do objetivo precípuo da prova, que é a apuração da verdade dos fatos fundamentais da ação e da defesa, o que permite a utilização da prova emprestada, inclusive a pericial. Entretanto, se não há no acórdão elementos que indiquem que os laudos emprestados se refiram ao mesmo contexto material de tempo, modo e lugar, não há como se declarar devido o adicional de insalubridade, sem que tenha

---

(30) VALLER ZENNI, A. S. A Prova no Direito Processual do Trabalho, 1998, Curitiba: Juruá, p. 71.

sido apreciada a identidade entre as condições examinadas pelos laudos emprestados e as condições de trabalho do Reclamante. Revista não conhecida. TST-RR-458922/98 – (Ac. 5ª T.) – 5ª Reg. – Rel. Min. Rider Nogueira de Brito DJU 8.3.02.

É importante frisar que, no contexto da decisão transcrita, a prova emprestada, para ter eficácia, necessita estar em sintonia com os fatos postos em juízo, com observância da identidade de situações, para que possa ser avaliada pelo juízo. Isso acontece porque a parte adversa pode até concordar com esta modalidade de prova, por saber de antemão que o reclamante não trabalhou nas condições descritas no laudo pericial e para comprovar as suas alegações utiliza-se de prova testemunhal, da qual o juiz não poderá dispensar, se for requerida, sob pena de cerceamento de defesa.

O importante na utilização da prova emprestada é que nos autos constem elementos vigorosos que possibilitam a formação da convicção por parte do julgador. As duas decisões a seguir espelham bem a questão:

*Ementa: Violação do art. 896 da CLT não configurada. Adicional de insalubridade. Prova emprestada. Perícia desnecessária.* Ausência de afronta à literalidade do art. 195, § 2º, da CLT ante a razoabilidade da tese recorrida (Enunciado n. 221 do TST) ao utilizar relatório e conclusão de Inquérito Civil Público constante dos autos (instaurado pelo Ministério Público Estadual visando apurar o comprometimento do nível sensorial auditivo de empregados com atividades laborativas na Fábrica de Cigarros Souza Cruz, com sede em Belém, em face do ruído das máquinas de produção) com fulcro no art. 427 do CPC. Embargos não conhecidos. TST-E-RR-334666/96 – (Ac. SBDI –1) – 8ª Reg. – Rel. Min.Carlos Alberto Reis de Paula. DJU 24.5.01, p. 743.

*Ementa: Adicional de insalubridade. Prova pericial. Art. 195, § 2º, da CLT. Vulneração ao art. 896 da CLT.* A realização de perícia técnica é obrigatória para a verificação da existência de insalubridade no ambiente de trabalho. Em determinados casos, porém, essa exigência deve ser mitigada, como na hipótese em que a prova técnica torna-se inviável em face do fechamento da empresa, já que ninguém é obrigado a fazer o impossível. Ademais, no caso específico, a própria empresa determinou que um médico seu, especialista, fizesse a verificação das condições do ambiente de trabalho em face do ruído, e este concluiu pela existência de insalubridade. Embargos não conhecidos. TST-E-RR-337806/97 – (Ac. SBDI-I) – 8ª Reg. – Rel. Min. Rider Nogueira de Brito. DJU 29.6.01, p. 614.

**3.2. Local desativado.** Em se tratando de local desativado pela empresa que continua em funcionamento pode o perito, perfeitamente, usando o seu conhecimento, por meio de pesquisa sistemática ou de informações colhidas em outros processos, apresentar conclusões aceitáveis. Assim, poderá concluir que existiu ou não insalubridade pelos materiais utilizados e pelos processos químicos ou agentes físicos empregados no tipo de atividade exercida e objeto de perícia. Logicamente que, havendo laudo anterior, o perito poderá dele se utilizar, complementando com outras informações colhidas com empregados em atividades, até porque o "Perito Oficial não labora somente como produtor da prova, coletando dados e medições, mas atua também avaliando os indícios, vestígios ou sinais, para transmitir ao Juízo um parecer convincente sobre a matéria controvertida. Para tanto, pode socorrer-se de todos os meios necessários, utilizar prova emprestada, fazer avaliações de risco para situações análogas, ou mesmo analisar os elementos disponíveis e concluir com base no seu conhecimento técnico-científico sobre a matéria. O Perito é qualificado na legislação processual como auxiliar do Juízo, para assisti-lo naquelas matérias que dependam de conhecimento técnico, artístico ou científico, daí porque o laudo pericial representa um misto de prova e parecer técnico".[31]

## 4. Substituição processual

Quanto a essas atividades e operações insalubres ou perigosas, há duas observações iniciais a fazer: a 1ª é de que os sindicatos podem agir em Juízo como substitutos processuais em favor de grupos de associados; a 2ª é a de que as ações promovidas não prejudicam a ação fiscalizadora do Ministério do Trabalho e Emprego e nem a realização de perícia por ato do Juiz, mesmo sem o requerimento das partes.

Quanto à substituição processual, o Sindicato poderá agir não só em favor de um grupo de associados, mas na defesa de todos e quaisquer direitos subjetivos individuais e coletivos dos integrantes da categoria por ele representada, conforme decisão proferida pela Suprema Corte no processo AG. REG. no RE n. 197.029-4 (658), cuja ementa consta da parte de jurisprudência.

Assinala-se também que, o Tribunal Superior do Trabalho cancelou a Súmula n. 310 (Resolução n. 119, DJ 1.10.03), a qual cuidava da substituição processual e limitava a atuação do sindicato como substituto processual, de forma que se pode dizer que atualmente os sindicatos estão legitimamente autorizados a representar a categoria em quaisquer direitos subjetivos individuais e coletivos.

### Jurisprudência

> *Ementa: Constitucional. Substituição processual. Sindicato. Art. 8º, III, da CF/88. Precedente do plenário. Acórdão não publicado. Alteração na composição do STF. Orientação mantida pela corte.* I – O Plenário do Supremo Tribunal Federal deu interpretação ao art. 8º, III, da Constituição e decidiu que os sindicatos têm legitimidade processual para atuar na defesa de todos e quaisquer direitos subjetivos individuais e coletivos dos integrantes da categoria por ele representada. II – A falta de publicação do precedente mencionado não impede o julgamento imediato de causas que versem sobre a mesma controvérsia, em especial quando o entendimento adotado é confirmado por decisões posteriores. III – A nova composição do Tribunal não ensejou a mudança da orientação seguida. IV – Agravo improvido. STF-AG.REG. no RE n. 197.029-4 (658) – SP – (Ac. 1ª T., j. 13.12.06) – Rel. Min. Ricardo Lewandowski. DJU 16.2.07, p. 40.

---

(31) TRT 3ª Reg.RO/11531/01 – (Ac. 3ª T.) Rel. Juiz Sebastião Geraldo de Oliveira DJMG 27.11.01. p. 9.

**Art. 196** *Os efeitos pecuniários decorrentes do trabalho em condições de insalubridade ou periculosidade serão devidos a contar da data da inclusão da respectiva atividade nos quadros aprovados pelo Ministério do Trabalho, respeitadas as normas do art. 11.*

O Decreto-lei n. 389/68 dispunha que os adicionais de insalubridade ou de periculosidade seriam devidos apenas a contar da data do ajuizamento da reclamação, mas foi revogado pela Lei n. 6.514/77, o que fez com o que TST cancelasse a sua Súmula n. 162, pela Resolução TST n. 59/96.

Depois, com a Lei n. 6.514/77, os adicionais decorrentes da insalubridade ou periculosidade passaram a ser devidos a partir da inclusão da atividade nos quadros aprovados pelo Ministério do Trabalho e Emprego, quando então as normas regulamentadoras passam a ter força cogente na ordem jurídica. Aplica-se a mesma regra em caso de reclassificação das atividades insalubres, já que o direito só surge mediante a respectiva norma regulamentadora editada pelo órgão competente. Vale ressaltar que o art. 2º da Lei n. 6.514/77 dispõe que "A retroação dos efeitos pecuniários decorrentes do trabalho em condições de insalubridade ou de periculosidade, de que trata o art. 196, da Consolidação das Leis do Trabalho, com a nova redação dada por esta lei, terá como limite a data da vigência desta lei, enquanto não decorridos dois anos da sua vigência". Evidentemente que se tratou de uma situação transitória imposta pela lei, com observância do respectivo prazo prescricional, cuja fase já foi superada. Após essa fase, passou a vigorar todas as regras prescricionais dos arts. 7º, XXIX, da CF, e do art. 11 da CLT, com a redação dada pela Lei n. 9.658/98. Reportamo-nos aos comentários feitos no art. 11, da CLT, constante do primeiro Fascículo desta obra.

## Jurisprudência

*Ementa: Insalubridade. Portarias expedidas pelo Ministério do Trabalho. Qualidade de norma.* As portarias emitidas pelo Ministério do Trabalho adquirem qualidade de norma, estabelecendo direitos e obrigações, a partir do momento em que a regra legal a elas se refere e as integram. Outra não é a valiosa lição do magistrado e jurista *Maurício Godinho Delgado:* "Em tais casos, o tipo jurídico inserido na respectiva portaria ganhará o estatuto de regra geral, abstrata, impessoal, regendo *ad futurum* situações fático-jurídicas, com qualidade de lei em sentido material." ("Curso de Direito do Trabalho", São Paulo: LTr, 2004, p. 156-157). Assim, realizada a perícia que constatou que o produto químico eventualmente manipulado pelo Reclamante não está classificado como insalubre no Anexo 13, da NR-15, da Portaria n. 3.214/78, torna-se indevido o adicional pretendido. TRT 3ª Reg. RO 00795-2006-053-03-00-9 – (Ac. 4ª T.) – Rel. Juiz Rogério Valle Ferreira. DJMG 10.3.07, p. 12.

**Art. 197** *Os materiais e substâncias empregados, manipulados ou transportados nos locais de trabalho, quando perigosos ou nocivos à saúde, devem conter, no rótulo, sua composição, recomendações de socorro imediato e o símbolo de perigo correspondente, segundo a padronização internacional.*

*Parágrafo único – Os estabelecimentos que mantenham as atividades previstas neste artigo afixarão, nos setores de trabalho atingidos, avisos ou cartazes, com advertência quanto aos materiais e substâncias perigosos ou nocivos à saúde.*

O artigo em foco dispõe sobre as cautelas que deverão ser tomadas quanto a materiais e substâncias manipuladas ou transportadas quando perigosos ou insalubres, determinando-se aos estabelecimentos que mantenham tais atividades a fixação nos setores de trabalho atingidos, as advertências adequadas.

A Norma Regulamentadora n. 16, da Portaria n. 3.3214/78, no seu item 16.8 (redação dada Portaria n. 25, de 29.12.94) estabelece que todas as áreas de risco devem ser delimitadas, sob responsabilidade do empregador.

A preocupação do legislador com tal dispositivo foi de se criar para o trabalhador uma expectativa de atenção para os riscos que o cercam e também para terceiros que possam ter acesso em áreas de riscos na empresa.

# SEÇÃO XIV
## DA PREVENÇÃO DA FADIGA

**Art. 198** *É de 60 (sessenta) quilogramas o peso máximo que um empregado pode remover individualmente, ressalvadas as disposições especiais relativas ao trabalho do menor e da mulher.*

*Parágrafo único – Não está compreendida na proibição deste artigo a remoção de material feita por impulsão ou tração de vagonetes sobre trilhos, carros de mão ou quaisquer outros aparelhos mecânicos, podendo o Ministério do Trabalho, em tais casos, fixar limites diversos, que evitem sejam exigidos do empregado serviços superiores às suas forças.*

Referido artigo visa proteger o empregado contra desgastes de saúde, já que a fadiga "envolve a diminuição da capacidade de trabalho da pessoa, sendo um fenômeno de índole muscular e nervosa"[32] A questão é vista também no âmbito internacional, tanto que a Convenção n. 127 da OIT, promulgada pelo Decreto n. 67.339, de 5.10.70 procura estabelecer o peso máximo das cargas. Nessa linha está o mencionado artigo ao limitar o peso máximo de 60 quilogramas que um empregado pode remover individualmente.

**1. Trabalho da mulher.** Em relação à mulher o art. 390 da CLT dispõe que ao empregador é vedado empregar mulher em serviço que demande o emprego de força muscular superior a vinte quilos para o trabalho contínuo, ou vinte e cinco quilos

---

(32) MARTINS, Sérgio Pinto. Comentários à CLT, 10ª ed., 2006, Atlas, p. 219.

para o trabalho ocasional, excluindo-se, no caso, a determinação a remoção de material feita por impulsão ou tração de vagonetes sobre trilhos, de carros de mão ou quaisquer aparelhos mecânicos" (parágrafo único do mesmo artigo).

**2. Trabalho do menor.** A mesma regra aplicada ao trabalho da mulher prevista no art. 390 e parágrafo único da CLT, também se aplica ao menor por força do disposto no art. n. 405, § 5º, da CLT.

O desrespeito às normas mencionadas por parte do empregador dá ao empregado o direito de postular a rescisão do seu contrato de trabalho por motivo justo, conforme o disposto no art. 483, a, da CLT (rescisão indireta), em razão da exigência de serviço superior às suas forças, defesos por lei...). Além do mais a jurisprudência tem admitido que o empregado poderá recusar a execução de serviço superior às suas forças, sem que com isso configure justa causa para despedida.

**Art. 199** *Será obrigatória a colocação de assentos que assegurem postura correta ao trabalhador, capazes de evitar posições incômodas ou forçadas, sempre que a execução da tarefa exija que trabalhe sentado.*

*Parágrafo único – Quando o trabalho deva ser executado de pé, os empregados terão à sua disposição assentos para serem utilizados nas pausas que o serviço permitir.*

A matéria ligada a este artigo está regulamentada na NR 17, da Portaria n. 3.214/78 que trata sobre Ergonomia. A ergonomia é "a ciência que estuda a adaptação do ser humano ao trabalho, procurando adaptar as condições de trabalho às características físicas e limitações individuais do ser humano. Este conceito moderno de ergonomia data de 1948, quando foi elaborado o projeto da cápsula espacial norte-americana, surgindo assim, por meio da antropometria, o conceito de que o fundamental não é adaptar o homem ao trabalho, mas ao contrário, procurar adaptar as condições de trabalho ao ser humano".[33]

É de sua importância a sua observância pelo empregador porque ela estabelece parâmetros que permitam a adaptação das condições de trabalho às características psicofisiológicas dos trabalhadores, de modo a proporcionar um máximo de conforto, segurança e desempenho eficiente. (item 17.1). Diz também a citada NR que "as condições de trabalho incluem aspectos relacionados ao levantamento, transporte e descarga de materiais, ao mobiliário, aos equipamentos e às condições ambientais do posto de trabalho, e à própria organização do trabalho" (17.1.1) e 'Para avaliar a adaptação das condições de trabalho às características psicofisiológicas dos trabalhadores, cabe ao empregador realizar a análise ergonômica do trabalho, devendo a mesma abordar, no mínimo, as condições de trabalho, conforme estabelecido na referida Norma Regulamentadora (17.1.2).

---

(33) ROCHA, Geraldo Celso. Trabalho, Saúde e Ergonomia, Curitiba: Juruá, 2006, p. 57.

Vale ressaltar que a citada Norma Regulamentadora trata do levantamento, transporte e descarga individual de materiais (17.2), dos mobiliários dos postos de trabalho (17.3), dos equipamentos dos postos de trabalho (17.4), das condições ambientais de trabalho (17.5) e da organização do trabalho (17.6.). Nas condições ambientais de trabalho são tratadas as questões relacionadas com a iluminação e na organização do trabalho são disciplinadas as atividades de processamento eletrônico de dados no que concerne ao número máximo de toque, tempo efetivo de tratalho de entrada de dados e as respectivas pausas que a atividade requer.

# SEÇÃO XV
# DAS OUTRAS MEDIDAS ESPECIAIS DE PROTEÇÃO

**Art. 200** *Cabe ao Ministério do Trabalho estabelecer disposições complementares às normas de que trata este Capítulo, tendo em vista as peculiaridades de cada atividade ou setor de trabalho, especialmente sobre:*

*I – medidas de prevenção de acidentes e os equipamentos de proteção individual em obras de construção, demolição ou reparos;*

*II – depósitos, armazenagem e manuseio de combustíveis, inflamáveis e explosivos, bem como trânsito e permanência nas áreas respectivas;*

*III – trabalho em escavações, túneis, galerias, minas e pedreiras, sobretudo quanto à prevenção de explosões, incêndios, desmoronamentos e soterramentos, eliminação de poeiras, gases etc., e facilidades de rápida saída dos empregados;*

*IV – proteção contra incêndio em geral e as medidas preventivas adequadas, com exigências ao especial revestimento de portas e paredes, construção de paredes contra fogo, diques e outros anteparos, assim como garantia geral de fácil circulação, corredores de acesso e saídas amplas e protegidas, com suficiente sinalização;*

*V – proteção contra insolação, calor, frio, umidade e ventos, sobretudo no trabalho a céu aberto, com provisão, quanto a este, de água potável, alojamento e profilaxia de endemias;*

*VI – proteção do trabalhador exposto a substâncias químicas nocivas, radiações ionizantes e não-ionizantes, ruídos, vibrações e trepidações ou pressões anormais ao ambiente de trabalho, com especificação das medidas cabíveis para eliminação ou atenuação desses efeitos, limites máximos quanto ao tempo de exposição, à intensidade da ação ou de seus efeitos sobre o organismo do trabalhador, exames médicos obrigatórios, limites de idade, controle permanente dos locais de trabalho e das demais exigências que se façam necessárias;*

*VII – higiene nos locais de trabalho, com discriminação das exigências, instalações sanitárias, com separação de sexos, chuveiros, lavatórios, vestiários e armários individuais, refeitórios ou condições de conforto por ocasião das refeições, fornecimento de água potável, condições de limpeza dos locais de trabalho e modo de sua execução, tratamento de resíduos industriais;*

*VIII – emprego das cores nos locais de trabalho, inclusive nas sinalizações de perigo.*

*Parágrafo único – Tratando-se de radiações ionizantes e explosivos, as normas a que se refere este artigo serão expedidas de acordo com as resoluções a respeito adotadas pelo órgão técnico.*

O art. 200, da Seção XV desse capítulo, esclarece qual a competência do Ministério do Trabalho e Emprego para estabelecer as NRs relacionadas com a Segurança e a Saúde dos Trabalhadores, considerando as peculiaridades de cada atividade ou setor de trabalho. Indica, a seguir, outras medidas de proteção que poderão ser estabelecidas por esse Ministério, todas voltadas para o mesmo objetivo.

No caso do inciso I, é a Norma Regulamentadora n. 18, da Portaria n. 3.214/78, que estabelece as diretrizes ligadas à segurança, saúde no meio ambiente e conforto na de trabalho na indústria da construção.

Em relação às atividades perigosas ligadas com radiações ionizantes a que se refere o inciso VI e parágrafo único desse artigo, esclareça-se que o direito ao adicional de periculosidade está alicerçado na Portaria do MTE ns. 3.393, de 17.12.1987, e 518, de 7.4.2003) a qual reveste-se de plena eficácia, porquanto expedida por força de delegação legislativa contida no art. 200, *caput*, inciso VI, da CLT., havendo até Orientação Jurisprudencial da SDI-1, do TST, assegurando tal direito aos trabalhadores que lidam em ambiente que possibilita a ocorrência de radiações ionizantes.

Advirta-se que sob o ponto de vista da fiscalização trabalhista "descabe autuação capitulada no art. 200 da CLT, uma vez que tal dispositivo não encerra qualquer comando dirigido empregador, mas apenas consigna autorização legal para expedição de normas pelo Ministério do Trabalho e Emprego (Precedente n. 62, da SIT/MTE).

Sobre a construção civil há que se ter presente o Precedente Administrativo da Secretaria da Inspeção do Trabalho de n. 66, que trata do campo de aplicação da NR-18, da Portaria n. 3.214/78, que está assim disposta.

*"Precedente Administrativo n. 66, da SIT/MET. Segurança do Trabalho. Construção Civil. Campo de aplicação da NR-18. Os comandos constantes da Norma Regulamentadora NR-18 não se dirigem exclusivamente aos empregadores cujo objeto social é a construção civil e que, portanto, enquadram-se nos Códigos de Atividade Específica constantes do Quadro I da Norma Regulamentadora — NR-4. As obrigações se estendem aos empregadores que realizem atividades ou serviços de demolição, reparo, pintura, limpeza e manutenção de edifícios em geral, de qualquer número de pavimentos ou tipo de construção, de urbanização e*

paisagismo, independentemente de seu objeto social. Referência Normativa: Item 18.1.2 da Norma Regulamentadora NR-18."

## Jurisprudência

*TST, OJ-SDI-1 n. 345. Adicional de periculosidade. Radiação ionizante ou substância radioativa. Devido. DJ 22.6.05.* A exposição do empregado à radiação ionizante ou à substância radioativa enseja a percepção do adicional de periculosidade, pois a regulamentação ministerial (Portarias do Ministério do Trabalho ns. 3.393, de 17.12.1987, e 518, de 7.4.2003), ao reputar perigosa a atividade, reveste-se de plena eficácia, porquanto expedida por força de delegação legislativa contida no art. 200, *caput*, e inciso VI, da CLT. No período de 12.12.2002 a 6.4.2003, enquanto vigeu a Portaria n. 496 do Ministério do Trabalho, o empregado faz jus ao adicional de insalubridade.

*TST, OJ-SDI-1 n. 347. Adicional de periculosidade. Sistema elétrico de potência. Lei n. 7.369, de 20.9.1985, regulamentada pelo Decreto n. 93.412, de 14.10.1986. DJ 25.4.07.* Extensão do direito aos cabistas, instaladores e reparadores de linhas e aparelhos em empresa de telefonia. É devido o adicional de periculosidade aos empregados cabistas, instaladores e reparadores de linhas e aparelhos de empresas de telefonia, desde que, no exercício de suas funções, fiquem expostos a condições de risco equivalente ao do trabalho exercido em contato com sistema elétrico de potência.

*Ementa: Normas de proteção ao trabalhador. Fiscalização. Administração Pública. Poder de Polícia.* De acordo com o art. 200 da CLT, incumbe ao Ministério do Trabalho estabelecer disposições complementares às normas relativas à proteção ao trabalho, dentre outras, sobre prevenção de acidentes e equipamentos de proteção individual em obras de construção, demolição e reparos (inciso I). O art. 155, inciso II, também da CLT, prevê, ainda, que cabe ao órgão de âmbito nacional competente coordenar, orientar, controlar e supervisionar a fiscalização e as demais atividades relacionadas com a segurança e medicina do trabalho em todo território nacional, inclusive a Campanha Nacional de Prevenção de Acidentes do Trabalho. Pertence à Administração Pública o dever de fiscalizar as condições de segurança do trabalho e, consequentemente, o de aplicar penalidades pelo descumprimento às respectivas normas, atribuição que decorre do poder de polícia, consistente em atividade limitadora do exercício de direitos individuais em benefício do interesse coletivo. Esse poder se exerce pela regulamentação de leis e controle de sua aplicação em caráter preventivo, por meio de notificações, licenças e alvarás, ou repressivo, mediante imposição de medidas coercitivas. Constatada a irregularidade, sem que a hipótese exigisse a dupla visita (com notificação prévia à autuação) – foi correta a imposição da multa. Recurso a que se nega provimento. TRT 9ª Reg. REPA 80058-2005-001-09-00-9 – (Ac. SE 09975/06) – Relª Juíza Marlene T. Fuverki Suguimatsu. DJPR 4.4.06, p. 258.

# SEÇÃO XVI
## DAS PENALIDADES

**Art. 201** As infrações ao disposto neste Capítulo relativas à medicina do trabalho serão punidas com multa de 30 (trinta) a 300 (trezentas) vezes o valor-de-referência previsto no art. 2º, parágrafo único, da Lei n. 6.205, de 29 de abril de 1975, e as concernentes à segurança do trabalho com multa de 50 (cinqüenta) a 500 (quinhentas) vezes o mesmo valor. (Vide art. 7º da Lei n. 6.986, de 13.04.82, DOU 14.04.82)

*Parágrafo único – Em caso de reincidência, embaraço ou resistência à fiscalização, emprego de artifício ou simulação com o objetivo de fraudar a lei, a multa será aplicada em seu valor máximo.*

O art. 201, da Seção XVI, desse capítulo, é dedicado às penalidades por infrações a esse Capítulo, relativas à medicina e segurança do trabalho, conforme tabela que consta da Norma Regulamentadora n. 28, da Portaria n. 3.214/78, trata da fiscalização e das penalidades enfatiza que "a fiscalização do cumprimento das disposições legais e/ou regulamentares sobre segurança e saúde do trabalhador será efetuada obedecendo ao disposto nos Decretos n. 55.841, de 15.3.65, e n. 97.995, de 26.7.89, no Título VII da CLT e no § 3º do art. 6º da Lei n. 7.855, de 24.10.89, e nesta Norma Regulamentadora – NR. Na referida Norma está disciplinado também que "o agente da inspeção do trabalho, com base em critérios técnicos, poderá notificar os empregadores concedendo prazos para a correção das irregularidades encontradas, sendo que o prazo para cumprimento dos itens notificados deverá ser limitado a, no máximo, 60 (sessenta) dias, possibilitando ainda que a autoridade regional competente, diante de solicitação escrita do notificado, acompanhada de exposição de motivos relevantes, apresentada no prazo de 10 (dez) dias do recebimento da notificação, poderá prorrogar por 120 (cento e vinte) dias, contados da data do Termo de Notificação, o prazo para seu cumprimento. E mais, que a concessão de prazos superiores a 120 (cento e vinte) dias fica condicionada à prévia negociação entre o notificado e o sindicato representante da categoria dos empregados, com a presença da autoridade regional competente. Dispõe também que "empresa poderá recorrer ou solicitar prorrogação de prazo de cada item notificado até no máximo 10 (dez) dias a contar da data de emissão da notificação. E, finalmente, poderão ainda os agentes da inspeção do trabalho lavrar auto de infração pelo descumprimento dos preceitos legais e/ou regulamentares sobre segurança e saúde do trabalhador, à vista de laudo técnico emitido por engenheiro de segurança do trabalho ou médico do trabalho, devidamente habilitado. (itens 28.1.4. a 28.1.5).

Em caso de embargo ou interdição "quando o agente da inspeção do trabalho constatar situação de grave e iminente risco à saúde e/ou integridade física do trabalhador, com base em critérios técnicos, deverá propor de imediato à autoridade regional competente a interdição do estabelecimento, setor de serviço, máquina ou equipamento, ou o embargo parcial ou total da obra, determinando as medidas que deverão ser adotadas para a correção das situações de risco. Reza também que a autoridade regional competente, à vista de novo laudo técnico do agente da inspeção do trabalho, procederá à suspensão ou não da interdição ou embargo. E mais, que "a autoridade regional competente, à vista de relatório circunstanciado, elaborado por agente da inspeção do trabalho que comprove o descumprimento reiterado das disposições legais e/ou regulamentares sobre segurança e saúde do trabalhador, poderá convocar representante legal da empresa para apurar o motivo da irregularidade e propor solução para corrigir as situações que estejam em desacordo com exigências legais. Esclarece ainda a Norma que "entende-se por descumprimento reiterado a lavratura do auto de infração por 3 (três) vezes no tocante ao descumprimento do mesmo item de norma regulamentadora ou a negligência do empregador em cumprir as disposições legais e/ou regulamentares sobre segurança e saúde do trabalhador, violando-as reiteradamente, deixando de atender às advertências, intimações ou sanções e sob reiterada ação fiscal por parte dos agentes da inspeção do trabalho". E, finalmente, quanto penalidades "as infrações aos preceitos legais e/ou regulamentadores sobre segurança e saúde do trabalhador terão as penalidades aplicadas conforme o disposto no quadro de gradação de multas(Anexo I), obedecendo às infrações previstas no quadro de classificação das infrações (Anexo II) desta Norma. Em caso de reincidência, embaraço ou resistência à fiscalização, emprego de artifício ou simulação com o objetivo de fraudar a lei, a multa será aplicada na forma do art. 201, parágrafo único, da CLT, conforme os valores estabelecidos na referida Norma. (itens 28.2. a 28.3.1).

> Obs.: Os arts. 202 e 203, da CLT, foram revogados pela Lei n. 6.514, de 22.12.77, que deu nova redação ao capítulo ora comentado.

# APÊNDICE

APÉNDICE

# NORMAS REGULAMENTADORAS DO MINISTÉRIO DO TRABALHO E EMPREGO EM MATÉRIA DE SEGURANÇA E MEDICINA DO TRABALHO

(Portaria n. 3.214 de 8 de Junho de 1978, DOU 6.7.78)
*(Suplemento)*

***Observação:*** Transcrevemos apenas na íntegra a Norma Regulamentadora n. 1, da Portaria n. 3.214/78, em que trata das disposições gerais sobre segurança e medicina do trabalho. No tocante as demais Normas Regulamentoras, mencionamos apenas o respectivo número e a sua base legal. Recomendamos a obra "Legislação de Segurança, Acidente do Trabalho e Saúde do Trabalhador", de *Tuffi Messias Saliba* e *Sofia C. Reis Saliba Pagano*, 4ª Edição, 2007, na qual o leitor irá encontrar os respectivos textos legais.

## NR 1 – Disposições Gerais

**1.1.** As Normas Regulamentadoras – NR, relativas à segurança e medicina do trabalho, são de observância obrigatória pelas empresas privadas e públicas e pelos órgãos públicos da administração direta e indireta, bem como pelos órgãos dos Poderes Legislativo e Judiciário, que possuam empregados regidos pela Consolidação das Leis do Trabalho – CLT.

**1.1.1.** As disposições contidas nas Normas Regulamentadoras – NR aplicam-se, no que couber, aos trabalhadores avulsos, às entidades ou empresas que lhes tomem o serviço e aos sindicatos representativos das respectivas categorias profissionais.

**1.2.** A observância das Normas Regulamentadoras – NR não desobriga as empresas do cumprimento de outras disposições que, com relação à matéria, sejam incluídas em códigos de obras ou regulamentos sanitários dos estados ou municípios, e outras, oriundas de convenções e acordos coletivos de trabalho.

**1.3.** A Secretaria de Segurança e Saúde no Trabalho – SSST é o órgão de âmbito nacional competente para coordenar, orientar, controlar e supervisionar as atividades relacionadas com a segurança e medicina do trabalho, inclusive a Campanha Nacional de Prevenção de Acidentes do Trabalho – CANPAT, o Programa de Alimentação do Trabalhador – PAT e ainda a fiscalização do cumprimento dos preceitos legais e regulamentares sobre segurança e medicina do trabalho em todo o território nacional.

**1.3.1.** Compete, ainda, à Secretaria de Segurança e Saúde no Trabalho – SSST conhecer, em última instância, dos recursos voluntários ou de ofício, das decisões proferidas pelos Delegados Regionais do Trabalho, em matéria de segurança e saúde no trabalho.

**1.4.** A Delegacia Regional do Trabalho – DRT, nos limites de sua jurisdição, é o órgão regional competente para executar as atividades relacionadas com a segurança e medicina do trabalho, inclusive a Campanha Nacional de Prevenção dos Acidentes do Trabalho – CANPAT, o Programa de Alimentação do Trabalhador – PAT e ainda a fiscalização do cumprimento dos preceitos legais e regulamentares sobre segurança e medicina do trabalho.

**1.4.1.** Compete, ainda, à Delegacia Regional do Trabalho – DRT ou à Delegacia do Trabalho Marítimo – DTM, nos limites de sua jurisdição:

*a)* adotar medidas necessárias à fiel observância dos preceitos legais e regulamentares sobre segurança e medicina do trabalho;

*b)* impor as penalidades cabíveis por descumprimento dos preceitos legais e regulamentares sobre segurança e medicina do trabalho;

*c)* embargar obra, interditar estabelecimento, setor de serviço, canteiro de obra, frente de trabalho, locais de trabalho, máquinas e equipamentos;

*d)* notificar as empresas, estipulando prazos, para eliminação e/ou neutralização de insalubridade;

*e)* atender requisições judiciais para realização de perícias sobre segurança e medicina do trabalho nas localidades onde não houver médico do trabalho ou engenheiro de segurança do trabalho registrado no MTb.

**1.5.** Podem ser delegadas a outros órgãos federais, estaduais e municipais, mediante convênio autorizado pelo Ministro do Trabalho, atribuições de fiscalização e/ou orientação às empresas, quanto ao cumprimento dos preceitos legais e regulamentares sobre segurança e medicina do trabalho.

**1.6.** Para fins de aplicação das Normas Regulamentadoras – NR, considera-se:

*a)* empregador, a empresa individual ou coletiva, que, assumindo os riscos da atividade econômica, admite, assalaria e dirige a prestação pessoal de serviços. Equiparam-se ao empregador os profissionais liberais, as instituições de beneficência, as associações recreativas ou outras instituições sem fins lucrativos, que admitem trabalhadores como empregados;

*b)* empregado, a pessoa física que presta serviços de natureza não eventual a empregador, sob a dependência deste e mediante salário;

*c)* empresa, o estabelecimento ou o conjunto de estabelecimentos, canteiros de obra, frente de trabalho, locais de trabalho e outras, constituindo a organização de que se utiliza o empregador para atingir seus objetivos;

*d)* estabelecimento, cada uma das unidades da empresa, funcionando em lugares diferentes, tais como: fábrica, refinaria, usina, escritório, loja, oficina, depósito, laboratório;

*e)* setor de serviço, a menor unidade administrativa ou operacional compreendida no mesmo estabelecimento;

*f)* canteiro de obra, a área do trabalho fixa e temporária, onde se desenvolvem operações de apoio e execução à construção, demolição ou reparo de uma obra;

*g)* frente de trabalho, a área de trabalho móvel e temporária, onde se desenvolvem operações de apoio e execução à construção, demolição ou reparo de uma obra;

*h)* local de trabalho, a área onde são executados os trabalhos.

**1.6.1.** Sempre que uma ou mais empresas, tendo, embora, cada uma delas, personalidade jurídica própria, estiverem sob direção, controle ou administração de outra, constituindo grupo industrial, comercial ou de qualquer outra atividade econômica, serão, para efeito de aplicação das Normas Regulamentadoras – NR, solidariamente responsáveis a empresa principal e cada uma das subordinadas.

**1.6.2.** Para efeito de aplicação das Normas Regulamentadoras – NR, a obra de engenharia, compreendendo ou não canteiro de obra ou frentes de trabalho, será considerada como um estabelecimento, a menos que se disponha, de forma diferente, em NR específica.

**1.7.** Cabe ao empregador:

*a)* cumprir e fazer cumprir as disposições legais e regulamentares sobre segurança e medicina do trabalho; (101.001-8 / I1)

*b)* elaborar ordens de serviço sobre segurança e medicina do trabalho, dando ciência aos empregados, com os seguintes objetivos: (101.002-6 / I1)

*I –* prevenir atos inseguros no desempenho do trabalho;

*II –* divulgar as obrigações e proibições que os empregados devam conhecer e cumprir;

*III –* dar conhecimento aos empregados de que serão passíveis de punição, pelo descumprimento das ordens de serviço expedidas;

*IV –* determinar os procedimentos que deverão ser adotados em caso de acidente do trabalho e doenças profissionais ou do trabalho;

*V –* adotar medidas determinadas pelo MTb;

*VI –* adotar medidas para eliminar ou neutralizar a insalubridade e as condições inseguras de trabalho.

*c)* informar aos trabalhadores: (101.003-4 / I1)

*I –* os riscos profissionais que possam originar-se nos locais de trabalho;

*II –* os meios para prevenir e limitar tais riscos e as medidas adotadas pela empresa;

*III –* os resultados dos exames médicos e de exames complementares de diagnóstico aos quais os próprios trabalhadores forem submetidos;

*IV –* os resultados das avaliações ambientais realizadas nos locais de trabalho.

*d)* permitir que representantes dos trabalhadores acompanhem a fiscalização dos preceitos legais e regulamentares sobre segurança e medicina do trabalho. (101.004-2 / I1)

**1.8.** Cabe ao empregado:

*a)* cumprir as disposições legais e regulamentares sobre segurança e medicina do trabalho, inclusive as ordens de serviço expedidas pelo empregador;

*b)* usar o EPI fornecido pelo empregador;

*c)* submeter-se aos exames médicos previstos nas Normas Regulamentadoras – NR;

d) colaborar com a empresa na aplicação das Normas Regulamentadoras – NR;

**1.8.1.** Constitui ato faltoso a recusa injustificada do empregado ao cumprimento do disposto no item anterior.

**1.9.** O não-cumprimento das disposições legais e regulamentares sobre segurança e medicina do trabalho acarretará ao empregador a aplicação das penalidades previstas na legislação pertinente.

**1.10.** As dúvidas suscitadas e os casos omissos verificados na execução das Normas Regulamentadoras – NR serão decididos pela Secretaria de Segurança e Medicina do Trabalho – SSMT.

*Norma Regulamentadora n. 2* – Inspeção Prévia (art. 160, da CLT);

*Norma Regulamentadora n. 3* – Embargo ou Interdição (art. 161, da CLT);

*Norma Regulamentadora n. 4* – Serviços Especializados em Eng. de Segurança e em Medicina do Trabalho – SESMT (art. 162, da CLT);

*Norma Regulamentadora n. 5* – Comissão Interna de Prevenção de Acidentes (arts. 163 a 165 da CLT);

*Norma Regulamentadora n. 6* – Equipamentos de Proteção Individual – EPI – (arts. 166 e 167 da CLT);

*Norma Regulamentadora n. 7* – Programas de Controle Médico de Saúde Ocupacional (arts. 168 a 169);

*Norma Regulamentadora n. 8* – Edificações – (arts. 170 a 174 da CLT);

*Norma Regulamentadora n. 9* – Programas de Prevenção de Riscos Ambientais – (arts. 175 a 178 da CLT);

*Norma Regulamentadora n. 10* – Segurança em Instalações e Serviços em Eletricidade (arts. 179 a 181 da CLT);

*Norma Regulamentadora n. 11* – Transporte, Movimentação, Armazenagem e Manuseio de Materiais – (arts. 182 a 183 da CLT);

*Norma Regulamentadora n. 12* – Máquinas e Equipamentos – (arts. 184 a 186 da CLT);

*Norma Regulamentadora n. 13* – Caldeiras e Vasos de Pressão – (arts. 187 a 188 da CLT);

*Norma Regulamentadora n. 14* – Fornos (art. 187 da CLT);

*Norma Regulamentadora n. 15* – Atividades e Operações Insalubres – (arts. 189 a 192 da CLT);

*Norma Regulamentadora n. 16* – Atividades e Operações Perigosas (Lei n. 7.369, de 22.9.85 e Portaria n. 3.393, de 17.12.87);

*Norma Regulamentadora n. 17* – Ergonomia (arts. 198 e 199 da CLT);

*Norma Regulamentadora n. 18* – Condições e Meio Ambiente de Trabalho na Indústria da Construção – (art. 200,I da CLT);

*Norma Regulamentadora n. 19* – Explosivos (art. 200, II, da CLT);

*Norma Regulamentadora n. 20* – Líquidos Combustíveis e Inflamáveis (art. 200, II, da CLT);

*Norma Regulamentadora n. 21* – Trabalho a Céu Aberto – (art. 200, IV, da CLT);

*Norma Regulamentadora n. 22* – Segurança e Saúde Ocupacional na Mineração (arts. 293 a 301 e art. 200, III, da CLT);

*Norma Regulamentadora n. 23* – Proteção Contra Incêndios – (art. 200, IV, da CLT);

*Norma Regulamentadora n. 24* – Condições Sanitárias e de Conforto nos Locais de Trabalho – (art. 200, VII, da CLT);

*Norma Regulamentadora n. 25* – Resíduos Industriais – (art. 200, VII, da CLT)

*Norma Regulamentadora n. 26* – Sinalização de Segurança – (art. 200, VII, da CLT);

*Norma Regulamentadora n. 27* – Registro Profissional do Técnico de Segurança do Trabalho no MTB (Lei n. 7.410, de 27.11.85, art. 3º e Decreto n. 92.530, de 9.4.86, art. 7º);

*Norma Regulamentadora n. 28* – Fiscalização e Penalidades – (art. 201, da CLT, Leis n. 7.855, de 24.10.89 e Lei n. 8.383, de 30.12.91);

*Norma Regulamentadora n. 29* – Norma Regulamentadora de Segurança e Saúde no Trabalho Portuário (Med. Provisória n. 1.575-6, de 27.11.97, art. 200, da CLT e Decreto n. 99.534, que promulgou a Convenção n. 152 da OIT);

*Norma Regulamentadora n. 30* – Norma Regulamentadora de Segurança e Saúde no Trabalho Aquaviário – (Art. 200, da CLT);

*Norma Regulamentadora n. 31* – Norma Regulamentadora de Segurança e Saúde no Trabalho na Agricultura, Pecuária Silvicultura, Exploração Florestal e Aquicultura (art. 200 da CLT);

*Norma Regulamentadora n. 32* – Segurança e Saúde no Trabalho em Estabelecimentos de Saúde – (art. 200, da CLT);

*Norma Regulamentadora n. 33* – Segurança e Saúde no Trabalho em Espaços Confinados – (art. 200 da CLT);

*Normas Regulamentadoras Rurais n. 1* – Disposições Gerais (Lei n. 5.889, de 8.6.73, art. 13);

*Normas Regulamentadoras Rurais n. 2* – Serviço Especializado em Prevenção de Acidentes do Trabalho Rural – SEPATR – (Lei n. 5.889, de 8.6.73, art. 13);

*Normas Regulamentadoras Rurais n. 3* – Comissão Interna de Prevenção de Acidentes do Trabalho Rural – CIPATR – (Lei n. 5.889, de 8.6.73, art. 13);

*Normas Regulamentadoras Rurais n. 4* – Equipamento de Proteção Individual – EPI – (Lei n. 5.889, de 8.6.73, art. 13);

*Normas Regulamentadoras Rurais n. 5* – Produtos Químicos – (Lei n. 5.889, de 8.6.73, art. 13).

# CONSTITUIÇÃO FEDERAL

**Art. 24.** Compete à União, aos Estados e ao Distrito Federal legislar concorrentemente sobre:

..................................................................................................................

XII – previdência social, proteção e defesa da saúde;

..................................................................................................................
..................................................................................................................

**Art. 114** Compete à Justiça do Trabalho processar e julgar:

..................................................................................................................

XXII – redução dos riscos inerentes ao trabalho, por meio de normas de saúde, higiene e segurança;

..................................................................................................................

**Art. 196** A saúde é direito de todos e dever do Estado, garantido mediante políticas sociais e econômicas que visem à redução do risco de doença e de outros agravos e ao acesso universal e igualitário às ações e serviços para sua promoção, proteção e recuperação.

## *LEI N. 7.369, DE 20 DE SETEMBRO DE 1985* (DOU 23.9.85)

Institui salário adicional para os empregados no setor de energia elétrica, em condições de periculosidade.

**O PRESIDENTE DA REPÚBLICA:** Faço saber que o Congresso Nacional decreta e eu sanciono a seguinte Lei:

**Art. 1º** O empregado que exerce atividade no setor de energia elétrica, em condições de periculosidade, tem direito a uma remuneração adicional de trinta por cento sobre o salário que perceber.

**Art. 2º** No prazo de noventa dias o Poder Executivo regulamentará a presente Lei, especificando as atividades que se exercem em condições de periculosidade.

**Art. 3º** Esta Lei entra em vigor na data de sua publicação.

**Art. 4º** Revogam-se as disposições em contrário.

Brasília, 20 de setembro de 1985; 164º da Independência e 97º da República.

*José Sarney*

*Aureliano Chaves*

## LEI N. 7.410, DE 27 DE NOVEMBRO DE 1985. (DOU 28.11.85)

Dispõe sobre a Especialização de Engenheiros e Arquitetos em Engenharia de Segurança do Trabalho, a Profissão de Técnico de Segurança do Trabalho, e dá outras Providências.

**O PRESIDENTE DA REPÚBLICA**: Faço saber que o Congresso Nacional decreta e eu sanciono a seguinte Lei:

**Art. 1º** O exercício da especialização de Engenheiro de Segurança do Trabalho será permitido, exclusivamente:

I – ao Engenheiro ou Arquiteto, portador de certificado de conclusão de curso de especialização em Engenharia de Segurança do Trabalho, a ser ministrado no País, em nível de pós-graduação;

II – ao portador de certificado de curso de especialização em Engenharia de Segurança do Trabalho, realizado em caráter prioritário, pelo Ministério do Trabalho;

III – ao possuidor de registro de Engenheiro de Segurança do Trabalho, expedido pelo Ministério do Trabalho, até a data fixada na regulamentação desta Lei.

Parágrafo único – O curso previsto no inciso I deste artigo terá o currículo fixado pelo Conselho Federal de Educação, por proposta do Ministério do Trabalho, e seu funcionamento determinará a extinção dos cursos de que trata o inciso II, na forma da regulamentação a ser expedida.

**Art. 2º** O exercício da profissão de Técnico de Segurança do Trabalho será permitido, exclusivamente:

I – ao portador de certificado de conclusão de curso de Técnico de Segurança do Trabalho, a ser ministrado no País em estabelecimentos de ensino de 2º Grau;

II – ao portador de certificado de conclusão de curso de Supervisor de Segurança do Trabalho, realizado em caráter prioritário pelo Ministério do Trabalho;

III – ao possuidor de registro de Supervisor de Segurança do Trabalho, expedido pelo Ministério do Trabalho, até a data fixada na regulamentação desta Lei.

Parágrafo único – O curso previsto no inciso I deste artigo terá o currículo fixado pelo Ministério da Educação, por proposta do Ministério do Trabalho, e seu funcionamento determinará a extinção dos cursos de que trata o inciso II, na forma da regulamentação a ser expedida.

**Art. 3º** O exercício da atividade de Engenheiros e Arquitetos na especialização de Engenharia de Segurança do Trabalho dependerá de registro em Conselho Regional de Engenharia, Arquitetura e Agronomia, após a regulamentação desta Lei, e o de Técnico de Segurança do Trabalho, após o registro no Ministério do Trabalho.

**Art. 4º** O Poder Executivo regulamentará esta Lei no prazo de 120 (cento e vinte) dias, contados de sua publicação.

Art. 5º Esta Lei entra em vigor na data de sua publicação.

Art. 6º Revogam-se as disposições em contrário.

Brasília, 27 de novembro de 1985; 164º da Independência e 97º da República.

## PRECEDENTES ADMINISTRATIVOS DA SECRETARIA DE INSPEÇÃO DO TRABALHO

OS PRECEDENTES ADMINISTRATIVOS DE NS. 1 A 11 FORAM APROVADOS PELO ATO DECLARATÓRIO N. 1, DE 20.10.00, DOU 22.11.00 E OUTROS FORAM ACRESCENTADOS. OS DE NS. 61 A 70 FORAM ACRESCENTADOS PELO ATO DECLARATÓRIO N. 9, DE 25.5.05, DOU 27.5.05.

### PRECEDENTE ADMINISTRATIVO N. 62

**SEGURANÇA E SAÚDE NO TRABALHO. AUTUAÇÃO. CAPITULAÇÃO LEGAL.** Descabe autuação capitulada no art. 200 da CLT, uma vez que tal dispositivo não encerra qualquer comando dirigido ao empregador, mas apenas consigna autorização legal para expedição de normas pelo Ministério do Trabalho e Emprego.

REFERÊNCIA NORMATIVA: Art. 200 da CLT.

### PRECEDENTE ADMINISTRATIVO N. 66

**SEGURANÇA NO TRABALHO. CONSTRUÇÃO CIVIL. CAMPO DE APLICAÇÃO DA NR-18.** Os comandos constantes da Norma Regulamentadora NR-18 não se dirigem exclusivamente aos empregadores cujo objeto social é a construção civil e que, portanto, enquadram-se nos Códigos de Atividade Específica constantes do Quadro I da Norma Regulamentadora – NR-4. As obrigações se estendem aos empregadores que realizem atividades ou serviços de demolição, reparo, pintura, limpeza e manutenção de edifícios em geral, de qualquer número de pavimentos ou tipo de construção, de urbanização e paisagismo, independentemente de seu objeto social.

REFERÊNCIA NORMATIVA: Item 18.1.2 da Norma Regulamentadora NR-18.

### PRECEDENTE ADMINISTRATIVO N. 67

**REMUNERAÇÃO. ADICIONAIS DE INSALUBRIDADE E DE TRABALHO EXTRAORDINÁRIO. BASE DE CÁLCULO.** Descabe a integração do adicional de insalubridade na base de cálculo das horas extras, pois o de insalubridade é calculado sobre o salário mínimo e o adicional de hora extra sobre a hora normal, inexistindo repercussão de um sobre o outro.

REFERÊNCIA NORMATIVA: Art. 59, § 1º e art. 192 da CLT.

## PRECEDENTE ADMINISTRATIVO N. 70

**SEGURANÇA E SAÚDE NO TRABALHO. DIMENSIONAMENTO DOS SERVIÇOS ESPECIALIZADOS EM ENGENHARIA DE SEGURANÇA E EM MEDICINA DO TRABALHO - SESMT. ENQUADRAMENTO NO CADASTRO NACIONAL DE ATIVIDADES ECONÔMICAS – CNAE.** O dimensionamento do SESMT deve estar de acordo com o grau de risco da atividade efetivamente realizada no estabelecimento, que pode ser constatada em inspeção do trabalho. Irregular o dimensionamento que considerou o grau de risco correspondente ao CNAE declarado pelo empregador mas se mostrou inadequado ao risco constatado no local de trabalho. Autuação procedente.

REFERÊNCIA NORMATIVA: Item 4.2 da Norma Regulamentadora NR-4

# Índice Alfabético e Remissivo

## Arts. 154 a 201 da Consolidação das Leis do Trabalho – Capítulo V do Título II – Da Segurança e da Medicina do Trabalho

Ação revisional: art. 194 .................................................................................. 104

Atividades insalubres: V. Insalubridade

Atividades perigosas: V. Periculosidade

Bebedouros: CLT, art. 200, VII ........................................................................ 115

Caldeiras, fornos e recipientes sob pressão: arts. 187 e 188 ....................... 69

Combate a incêndios; art. 200, IV .................................................................. 114

Combustíveis, inflamáveis e explosivos: arts. 196 e 197 ............................ 111

Comissão Interna de Prevenção de Acidentes (CIPA)

   – constituição: art. 163 ............................................................................. 31

   – composição: art. 164 .............................................................................. 32

   – Peculiaridades sobre os membros da CIPA ...................................... 33

   – eleição dos membros da CIPA: art. 165, 1 .......................................... 33

   – suplente da CIPA: art. 165, 2 ................................................................ 34

   – presidente da CIPA. Representante do empregador: art. 165, 3 ..... 35

   – perda de mandato por ausência as reuniões da CIPA: art. 165, 4 .. 36

   – reintegração no emprego ou conversão do período de estabilidade em indenização: art. 165, 5 .................................................................................. 36

   – extinção da empresa: art. 165, 6 .......................................................... 38

   – extinção parcial das atividades do estabelecimento ou da empresa: art. 165, 7 .. 39

   – encerramento de obra: art. 165, 8 ........................................................ 40

   – transação e renuncia: art. 165, 9 .......................................................... 41

   – prazo prescricional para reclamar: art. 165, 10 ................................. 46

   – regulamentação: art. 163, parágrafo único ....................................... 31

   – membros; representantes dos trabalhadores; estabilidade provisória: art. 165   32

Conforto térmico: arts. 176 a 178 ................................................................... 63

Construções. Requisitos: arts. 170 a 174 ............................................................. 61

Disposições complementares às normas de segurança e medicina do trabalho: art. 200 ................................................................................................................ 114

Disposições gerais

– alcance das normas de segurança e medicina do trabalho: art. 154, IV ........ 19

– direito positivo: art. 154, I ...................................................................... 15

– competência: art. 154, II .......................................................................... 18

– competência judicial: art. 154, III ............................................................ 18

– competência do Ministério do Trabalho e Emprego: art. 200 ..................... 114

– competência das DRTs: art. 156 ............................................................... 21

Das medidas preventivas de medicina do trabalho: arts. 168 e 169 ................... 50

Deveres das empresas: art. 157, I a IV ............................................................. 21

Delegação de poderes; convênio: art. 159 ........................................................ 26

Deveres dos empregados: art. 158 ................................................................... 25

Doenças profissionais; notificação: art. 169 ..................................................... 58

Edificações; requisitos: arts. 170 a 174 ............................................................. 61

Elevadores, guindastes, transportadores: CLT, arts. 182 a 184 ......................... 66

Equipamento de proteção individual: arts. 166, 167 e 179 ............................... 47

Embargo ou interdição: art. 161 ...................................................................... 27

Escavações, túneis, galerias e pedreiras: art. 200, VI ....................................... 114

Exame médico obrigatório: art. 168 ................................................................. 50

Higiene, bebedouros: art. 200, VII ................................................................... 115

Iluminação dos locais do trabalho: art. 175 ..................................................... 62

Insalubridade:

– adicional de insalubridade. Base de cálculo e questões salariais: art. 192, 2 . 86

– acordo de compensação de horário: art. 192, 2.6 ..................................... 90

– base de cálculo. Salário Mínimo: art. 192, 2.2 ......................................... 86

– base de cálculo. Salário profissional, salário convencional e salário normativo: art. 192, 2.3 ...................................................................................... 88

– controvérsia. Incidência sobre a remuneração: art. 192, 2.2.1 ................... 87

– cumulatividade de adicionais de insalubridade na hipótese da constatação de mais de um agente insalubre: art. 192, 2.9 .................................................. 91

– efeitos pecuniários. Quadro de atividades insalubridade. Inclusão: art. 196 ... 111
– horas extras. Incidência: art. 192, 2.5 .................................................................. 89
– inclusão do adicional de insalubridade na folha de pagamento: art. 192, 2.10 .. 91
– integração ao salário: art. 192, 2.4 ..................................................................... 89
– natureza jurídica. art. 192, 2.1 ............................................................................ 86
– radiologista: art. 192, 2.7 .................................................................................... 90
– menor e atividade insalubre: art. 192. 2.8 ......................................................... 90
– condições insalubres. art. 192.1 ........................................................................ 79
   – atividade a céu aberto, com exposição aos raios solares: art. 192, 1.4 ....... 81
   – caracterização: art. 195 ................................................................................. 106
   – cessação do direito: art. 194 ......................................................................... 104
   – contato intermitente: art. 192, 1.2 ................................................................. 80
   – eliminação ou a neutralização da insalubridade: art. 191 ......................... 74
   – limites de tolerância e tempo de exposição a agentes insalubres: art. 192, 1.1  79
   – lixo urbano e doméstico; art. 194, 1.5 ......................................................... 81
   – óleos minerais (fabricação e manuseio): art. 192, 1.3 ............................... 81
   – outras situações encontradas na jurisprudência: art. 192, 1.7 ................. 85
   – telefonista: art. 194, 1.6 ................................................................................. 83
   – trabalho rural: art. 191.2 .............................................................................. 74
   – servidores públicos: art. 191.1 ..................................................................... 77
– questões judiciais: art. 192, 3 ............................................................................. 92
   – causa de pedir e pedido. Agente insalubre diverso do indicado na inicial: art. 192, 3.1 ...................................................................................................... 92
   – opção por um dos adicionais (insalubridade e periculosidade). Momento da opção: art. 193, 8 ....................................................................................... 101
   – prova e prova emprestada. V. art. 195.3 .................................................... 108
   – revelia: art. 192, 3.3 ....................................................................................... 92
   – supressão em razão da eliminação do agente insalubre. V. art. 194 ......... 104
   – substituição processual. V. art. 195 ............................................................ 106

Instalações elétricas: arts. 179 a 181 ........................................................................ 65
Instalações sanitárias: art. 200, VII ........................................................................... 118
Inspeção prévia do estabelecimento: art. 161 ......................................................... 27

Máquinas e equipamentos: arts. 184 a 186 .................................................. 68
Medicina do trabalho: arts. 168 e 169 ............................................................ 50
Movimentação, armazenagem e manuseio de materiais: arts. 182 e 183 ............. 66
Obrigações das empresas: art. 157 .................................................................. 21
Órgãos de Segurança e de Medicina do Trabalho nas Empresas: art. 162 ........... 29
Penalidades: art. 201 .................................................................................... 117
Perícia. Competência para a elaboração do laudo pericial: art. 195, 1 ............... 106
Periculosidade

- caracterização: art. 195 ........................................................................... 106
- cessação do direito. Adicional: art. 194 .................................................... 104
- conceito e distinção da periculosidade em relação à insalubridade: art. 193, 1 .. 94
- efeitos pecuniários. Quadro de atividades perigosas. Inclusão: art. 196 ....... 111
- empregados que operam em bomba de gasolina: art. 193, 10 ..................... 103
- empregados que trabalham dentro edifício que armazena líquido inflamável. Direito do adicional: art. 193, 11 ............................................................. 104
- base de cálculo. Regra geral e dos eletricitários (Lei n. 7.369/85): art. 193, 4 .. 98
- horas de sobreaviso: art. 193, 7 ............................................................... 100
- integração ao salário: art. 193, 5 .............................................................. 99
- inclusão do adicional de periculosidade na folha de pagamento: art. 193, 6 .. 100
- natureza jurídica. Salarial: art. 193, 3 ...................................................... 98
- opção por um dos adicionais (insalubridade e periculosidade). Momento da opção: art. 193, 8 ............................................................................. 101
- redução do adicional de periculosidade pela negociação coletiva: art. 193, 9 . 102
- requisitos caracterizadores do adicional de periculosidade: art. 195, 2 ........ 106
- supressão em razão da eliminação do agente perigoso: V. art. 194 .............. 104
- eliminação ou neutralização da periculosidade: art. 194 ............................ 104

Prevenção de acidentes: art. 200 ................................................................... 114
Prevenção da fadiga. Assentos: arts. 198 e 199 ............................................... 112

- trabalho da mulher: art. 198, 1 ................................................................ 112
- trabalho do menor: art. 198, 2 ................................................................. 113

Prova da insalubridade e da periculosidade: art. 195, 2 ................................... 106
Prova emprestada: art. 195, 3 ........................................................................ 108

– empresa extinta: art. 195, 3.1 .................................................. 108
– local desativado: art. 195, 3.2 ................................................. 109
Quadro de atividades insalubres. Aprovação: art. 190 ......................................... 71
Radiações ionizantes: art. 200, VI ................................................ 114
Refeitórios: CLT, art. 200, VII ................................................... 115
Ruídos e vibrações: art. 200, VI .................................................. 114
Serviços especializados em segurança e medicina do trabalho: art. 162 ............... 29
  – dimensionamento dos serviços especializados em engenharia de segurança e em medicina do trabalho – SESMT; enquadramento no CNAE; PA-SIT/MTE n. 70 ............................................................................. 31
Substituição processual: art. 195, 4 .............................................. 110
Trabalho sob ar comprimido: art. 200, VI ........................................ 114
Ventilação: arts. 176 e 177 ....................................................... 63
Vestiários: art. 200, VII .......................................................... 115